한비네 하와이 여행 레시피

## 이현정

비마이매직 대표이자, 사랑스런 딸 한비의 엄마. 배우고 싶은 감각, 쓸수록 기분 좋아지는 제품으로 무장한 브랜드 비마이매직을 운영하는 동시에 인스타그램, 유튜브, 책 등 다양한 매체에서 야무진 살림법과 요리법을 공유하고 있다. 일과 생활의 연장선이면서 활력소이기도 한 여행을 통해 서로를 더 단단히 이해하고 사랑하는 한비네 가족만의 여행법을 소개한다.

⊙ @beemymagic  ▶ youtube.com/@beemealrecipe

## 한창윤

한비에게 엄격한 선생님이자, 친구 같은 아빠. 꼼꼼한 성격으로 여행 중 변수까지 고려한 두세 가지 계획을 세우는 것은 물론이고, 여행 중 일어나는 모든 일을 처리하는 만능 해결사다. 누구보다 여행을 사랑하며 지금은 한비와 함께 호주의 일상을 여행 중이다.

## 한비

어려서부터 가족과 함께한 많은 여행의 기억이 몸에 차곡차곡 쌓여 친구보다는 엄마 아빠와 함께하는 시간이 가장 좋은 딸. 자유롭고 행복한 아이로 컸으면 좋겠다는 엄마 아빠의 바람처럼 밝고 건강하게 자라는 중이다. 보고만 있어도 긍정 에너지를 선사하는 아이, 방학이 되기 전 엄마 아빠보다 먼저 여행을 계획하는 아이로 커가고 있다.

# HAWAII

한비네 하와이 여행 레시피

**1판 1쇄 발행일 2024년 5월 30일**
**글·사진** 이현정, 한창윤, 한비
**펴낸이** 김민희, 김준영 | **편집** 김민희, 김준영 | **디자인** 이유진
**영업** 김영란 | **제작** I Can

**펴낸곳** 두사람 | **인스타그램** @travel__withyou
**팩스** 02-6442-1718 | **메일** twopeople1718@gmail.com
**등록** 2016년 2월 1일 제2016-000031호
**ISBN** 979-11-90061-35-3 03960

# 한비네 하와이 여행 레시피

이현정, 한창윤, 한비 지음

두사람 × beemymagic

# 차례

# 남편과의 첫 여행

　　스키장에서 처음 만난 나와 남편. 우리는 만난 해 가을 상견례를 하고 그해 겨울 결혼식을 올릴 정도로 만남부터 결혼까지 속전속결이었다. 연애 기간이 짧아 여행할 기회가 없던 우리에겐 신혼여행이 함께 떠나는 첫 여행. 결혼 즈음 일 때문에 너무 바빠 긴 일정을 잡을 수 없던 남편과의 첫 여행을 어디로 가면 좋을까, 생각하던 그때부터 상상 속 우리의 세계 여행은 시작되었다.

　　원래 나는 여행 계획을 공들여 짜지 않고 즉흥적으로 움직이는 스타일이다. 하지만 한 번뿐인 신혼여행을 위해 결혼식 날짜가 정해진 순간부터 매일 여행지를 검색하기 시작했다. 아직 남편의 여행 스타일을 전혀 모르던 그 시절. 남편은 하루에도 몇 번씩 가고 싶은 곳이 바뀌던 내게 언제나 "뭐든 오케이! 네가 정하는 거면 다 오케이!"를 외쳐주었다. 완벽한 계획형인 남편의 여행 스타일을 제대로 알게 된 지금 다시 떠올려보는 옛 추억. 내게 모든 계획을 맡겼다니, 그땐 남편이 정말 많이 바빴던 모양이다. 하하.

　　몇 주 동안 여행지를 얼마나 열심히 검색했던지 막판엔 세계 여행을 두세 번쯤 한 듯한 기분이 들 정도였다.

"이쯤 되니 여행을 가지 않았는데도 다녀온 기분이야."

우리는 이렇게 말하고 함께 깔깔거리며 여행 전 설레는 시간을 보냈다. 여행지에 도착했을 때보다 출발 전 설렘이 더 큰 법이라더니, 정말 그 온전한 설렘을 충분히 즐기며 지냈더랬다.

마침내 신혼여행지는 몰디브로 결정했다. 신혼여행이 아니면 가기 힘들 법한 곳이라 내린 결정이었다. 경유지는 싱가포르였는데, 그곳을 몇 번 여행한 남편이 다녀와서 사랑에 빠졌다기에 싱가포르에도 며칠 머물기로 했다. 싱가포르? 사실 나는 썩 내키지 않았지만. 남편이 신혼여행을 계획하며 유일하게 의견을 낸 부분이라 배려의 차원에서 일정에 추가했다. 그런데 여행 이후 운명처럼 나는 싱가포르와 완전히 사랑에 빠지게 되었다.

아마도 휴양지인 몰디브에서만 시간을 보냈다면 조금 지루했을 법도 한데, 다양한 먹거리와 쇼핑 아이템이 있는 싱가포르 여행을 일정에 며칠 넣었더니 우리의 신혼여행은 보다 풍성해졌던 것. 휴양과 쇼핑이 어우러진 여행이라니, 이보다 더 완벽할 순 없었다!

몰디브에서는 선베드에 누운 채 깊게 잠들어 고통스러운 선번을 경험하기도 했고, 지상낙원이라는 그곳의 바닷속에서 하루 종일 놀며 '물개부인'이라는 별명을 얻기도 했다. 행복하게 남은 이러한 추억 덕분에 18년째 결혼 생활을 하고 있는 게 아닐까.

"우리 자주 여행 다니면서 살자."

시간만 허락한다면 함께 어디든 많이 다니자고 신혼 시절 남편

에게 종종 이야기하곤 했다. 그리고 남편과의 시간이 쌓일수록 '다음엔 어디를 가면 좋을까, 우리가 가고 싶은 곳을 다 여행하려면 시간이 꽤 걸리겠지?' 하며 구체적으로 생각하게 되었다. 남편과, 그리고 한비와 함께 떠나게 될 여행의 서막은 이렇게 열린 셈이다.

# 여행은 변하는 거야

결혼한 지 벌써 17년이 되었다. 18년 차 부부라는 사실이 실감 날 때면 깜짝깜짝 놀랄 수밖에 없다. 아, 우리가 벌써 18년 차 중년 부부라고? 어쩌면 나는 2006년 12월 결혼식 즈음의 철없던 나로 계속 살고 싶은 게 아닐까. 신혼 시절 남편은 일 때문에 바빠서 함께 여행하지 못한 적이 많았다. 그래도 남편은 "여행 다닐 수 있을 때 많이 다녀야 한다."고 말하며 친구들과의 여행을 계획하는 나를 응원하고 배려해주었다.

그때의 나는 젊었고, 철이 없었고, 돈도 없었기에 가성비 좋은 여행을 하이에나처럼 찾아다녔다. 시간이 많은 백수였던 터라 비성수기 여행이 가능했던 덕분이다. 그렇게 여행을 다니거나 요리를 배우고, 또 남편을 위한 요리를 신나게 하면서 다시 생각해도 참 행복한 신혼 생활을 보냈다.

결혼하고 아이를 키우며 많은 것이 자연스럽게 변했다. 하지만 예나 지금이나 한결같은 건 우린 여전히 여행을 사랑한다는 것. 또한 한비는 우리 부부에게 자연스럽게 스며들어 아이 위주가 아닌, 신혼 때처럼 여전히 남편과 나를 중심으로 한 스타일대로 살고 있다

는 것. 아이도 중요하지만 내 삶도, 남편의 삶도 중요하기에 온전히 아이 위주로 살지 않는 게 우리 가족이 살아가는 방식이다.

여행지에서 맛있는 음식을 찾아다니고 새롭고 색다른 것을 쇼핑하는 즐거움 또한 변함없지만, 한비를 만나기 전과 한비가 태어난 이후의 여행이 자연스럽게 조금씩 달라진 것도 사실. 한비가 태어나기 전에는 어떤 여행을 할지 나에게 전적으로 맡기던 남편이 이젠 본인이 도맡아서 여행 계획을 세우고 준비한다.

섬세한 남편은 한비와 함께하는 여행 중 생길 수 있는 변수에 따라 계획을 세운다. 예를 들어 한비의 컨디션, 여행지의 날씨 등에 맞춰 여러 버전의 스케줄을 짜는 것이다. 남편이 짠 스케줄을 기본으로 하되, 즉흥적인 계획 짜기에 강한 나의 검색력을 발휘해 그때그때 새로운 계획을 추가하기도 한다. 여행 중 밤마다 온 가족이 함께 이야기를 나누면서 말이다. 쇼핑이 가능한 여행지라면, 여행 일정 중 하루 정도는 한비와 남편 둘이서만 즐길 수 있는 스케줄을 정해둔다. 그리고 그 시간에 나 홀로 조용히 쇼핑하는 시간을 가진다.

나에게 여행 중 언제 가장 행복하냐고 묻는다면, 주방용품을 구경하고 식재료를 탐험할 때라고 답하겠다. 새롭고 신기하고 예쁘고 실용적인 주방용품을 찾아다니며 쇼핑하는 설렘과 즐거움은 주부 18년 차인 지금까지도 여전하다. 구경 후 사온 식재료로 맛있는 음식을 만들어 가족, 그리고 주변 사람들과 나누는 일은 내게 정말 큰 기쁨 중의 하나다.

한비라는 소중한 생명이 태어나며 내 쇼핑 영역은 자연스럽게 육아용품으로까지 확장되었으니 이 쇼핑의 시간이 얼마나 더 즐겁겠는가, 하하하! 여행지에서 다양한 것들을 접하는 경험치가 쌓이면서 비싸고 좋은 물건보다는 남들이 찾지 못하는, 예쁘고 특이한, 보석 같은 물건을 찾아내는 눈을 가지게 된 것 같다.

여행이 반복될 때마다 나에게는 온전한 쇼핑 데이가 주어졌고, 이 또한 우리 가족만의 여행 스타일로 자리를 잡게 되었다. 내가 좋아하는 일을 할 수 있게 적극적으로 지지해주는 남편 덕분에 여행 중 나 홀로 쇼핑이라는 귀한 시간도 갖게 되었다는 생각이 든다. 이 글을 쓰다 보니 계획적인 남편이 즉흥적인 나를 위해 정말 많이 배려하며 여행했었구나 싶어서, 새삼 고맙다.

'여행'이라는 단어를 떠올리면 여전히 두근거리고 설렌다. 여행을 통해 얻는 행복의 깊이와 경험의 폭이 훨씬 넓어졌다. 예전에는 오직 나만을 위한 여행이었지만 변화의 시작점에 남편이 있었고, 더 넓은 시야로 여행을 즐기게 된 계기엔 한비가 있다. 여행의 모습은 시간이 지나며 조금씩 변화하지만 가족과 함께하는 여행의 소중함은 더욱 커져간다.

# 그렇게 시작된 하와이 여행

아이에 대한 계획이 전혀 없던 시절, 결혼 4년 만에 운명처럼 한비가 우리 부부에게 찾아왔다. 아이가 생겼다고 해서 우리가 그토록 좋아하는 여행을 포기할 리 없었다.

임신 9개월 차가 되어갈 무렵, 어쩌면 몇 년간은 해외여행이 어려울 것 같단 생각에 하와이로 떠날 계획을 세웠다. 이때도 역시 바쁜 남편과는 함께하지 못하고 친한 동생과 떠나기로 했다. 남편, 산부인과 담당 의사 선생님도 지지해준 여행이지만 지금 생각해보면 정말 용감한 결정이었다.

아니, 다시 떠올릴수록 놀라울 따름이다. 9개월 차 만삭의 무거운 몸을 이끌고, 남편 없이, 여자 둘이서만 여행을 떠났다는 사실이 말이다. 정말 나라서 가능했지 싶다. 배가 많이 불러 있었지만 힘들거라는 걱정은 미리 하지 않았다. 그저 빨리 떠나고 싶은 마음만 가득했다. 국제운전면허증을 만드는 것도 신났고, 여행 전 검진을 위해 산부인과에 가서도 선생님에게 설렌다는 말만 계속했던 기억이 난다.

하와이에 보름 정도 머물자는 이야기를 나눈 뒤 만삭인 내 상태를 고려해 오아후에서만 머물기로 결정했다. 우린 가장 먼저 저렴한 비행기표를 구했다. 세상에, 얼마나 저렴했던지 경유지에서 12시간을 대기해야 했다. 벤치에 누웠다 앉았다 걸었다를 반복하면서도 그지루한 12시간마저 행복해하던 만삭의 젊은 예비 엄마였던, 나.

첫 하와이 여행에서는 함께 간 동생이 주도적으로 일정을 짰고, 대신 나는 운전을 담당했다. 보고 싶던 곳은 단 하나도 놓치지 않으려고 얼마나 열심히 돌아다녔던지. 보름 동안 그렇게 마음껏 먹고도 1킬로그램의 증량도 없이 귀국해 한비를 만나게 되었다.

그 후, 와이키키 해변에서 수영복 입고 찍은 배불뚝이 사진 한 장으로 "한비야, 너도 엄마랑 같이 하와이 다녀왔잖아." 하며 한비와 함께 그때 그 시절을 추억하기도 했다. "엄마 배 안에 누구 있어?" 하면 고사리손으로 자기를 가리키던 아가 한비의 모습이 몽글몽글 떠오른다.

# Fall in love, Hawaii

하와이에 도착해 비행기에서 내리던 순간이 아직까지도 생생하게 기억난다. 공기부터 다르다는 말이 무슨 뜻인지 바로 알겠던 하와이의 첫 느낌. 분명 햇살이 쨍한데도 따갑지 않았고, 섬이라는 사실을 잊을 만큼 공기에 습한 기운이 전혀 없어 산뜻했다. 동남아 휴양지에서는 느낄 수 없던 상쾌한 바람.

한비를 배 속에 품고 처음 간 하와이. 그곳에서 나는 좋은 공기를 맘껏 마시며 많이 걸었고, 어느 날은 신나게 렌터카를 운전하며 바닷가를 드라이브하기도 했다. 또 어느 날엔 알라모아나 쇼핑센터를 발바닥에 불나도록 돌아다니며 선물이(한비의 태명) 옷을 득템하기도 했고. 나는 정말 용감한 임산부였다.

만삭의 몸으로 운전하는 것마저 즐거웠던 하와이. 하나도 힘들지 않았다면 거짓말이겠지만 힘들었던 기억이 나질 않는다. 즐거운 일을 하면 힘들더라도 나쁜 감정은 하나도 남지 않는 모양이다. 빨간 차를 타고서 운전대와 불룩 나온 내 배가 닿아 있다며 깔깔거리고, 창문을 활짝 연 채 맘껏 달렸던 기억만 남아 있다. 한눈에 담기지 않는 파랗고 잔잔한 바다 옆을 신나게 달리던 그 기쁨은 이후 다시 하와이를 찾게 된 이유 중 하나이기도 하다.

전 세계인이 사랑하는 휴양지답게 늘 친절한 사람들까지 정말 완벽했던 하와이. 그곳에서의 하루하루가 너무도 짧게 느껴졌다. 그렇게 나는 하와이를 여행하는 기간 동안 하와이병에 걸리고 말았다. 하와이를 한 번도 안 간 사람은 있어도 한 번만 간 사람은 없다는 말에 깊이 공감했다. 보름. 길다고 생각했던 여행이 짧게만 느껴졌다.

나의 첫 하와이 여행은 곧, 배 속에서 함께한 한비와의 첫 하와이 여행이기도 하다. 하와이를 다시 찾게 된다면 둘이 아닌, 셋이 함께하게 될 거란 사실이 와닿았다.

'아, 배 속 선물이가 태어나면 남편과 함께 꼭 다시 와야겠다. 나와 남편, 그리고 아이까지. 셋이 함께 여행하는 하와이는 어떨까?'

따지고 보면 배 속의 아이는 이미 나와 함께 있으니, 남편만 아직 하와이에 와보지 못한 셈. 그래도 서서히 우리 가족의 하와이 사랑은 시작되고 있었다.

이후 우리 가족이 가장 많이 간 여행지는 바로 싱가포르! 신혼 여행 이후 급속도로 사랑에 빠져 저렴한 항공권만 보이면 예약해서 떠났던 곳이었기에 한비와도 부담 없이 여행하게 되었다. 싱가포르는 남편과 둘이 갔을 때나, 친구들끼리 갔을 때나 정말 만족스러운 곳이었다. 아이와 함께 즐기기에도 깨끗하고, 아이가 어리면 어린 대로 크면 큰 대로 다양한 것을 즐길 수 있어서 정말 완벽한 여행지! 너무 습하고 더운 것만 빼면 우리 가족에겐 행복 그 자체인 도시다.

한비 역시 싱가포르가 꽤 익숙해졌다. 내가 친구들과 유럽 여행을 떠났을 때 한씨 부녀 둘은 롤러코스터를 맘껏 타기 위해 싱가포르의 유니버설 스튜디오로 떠난 적이 있을 정도다. 그만큼 우리 가족은 한동안 싱가포르와 사랑에 빠져 지냈다. 어느 여행지에 한번 빠지면 가고 또 가며 그 나라를 완전히 흡수할 때까지 즐기는 게 바로 우리 가족 스타일이다. 끝을 볼 때까지 파고 또 파는 스타일. 그러한 우리에게 선택된 곳은 싱가포르, 호주, 그리고 하와이!

# 결혼 10주년 기념은 하와이에서

한비와 함께 앨범을 뒤적이며 시간을 보내던 어느 날, 여섯 살 한비가 나의 첫 하와이 여행 사진을 보며 물었다.

"엄마! 사진 속 엄마 배 속에 있는 게 나야?"

"응, 맞아. 귀요미 한비지. 한비도 엄마랑 하와이에 같이 다녀온 거네?"

"그러네. 근데 엄마, 배 속에서 본 하와이 말고 진짜 하와이 보고 싶어."

"그래? 그럼 우리 하와이로 여행 갈까?"

"좋아! 그럼 언제 갈 거야?"

"음. 엄마 아빠 결혼 10주년 기념으로 가자."

언젠가 다시 찾을 거라던 하와이에 꼭 가야만 하는 강력한 이유가 생겼다! 배 속의 한비와 함께 갔던 하와이에 한비가 훌쩍 자란 지금, 가족 여행으로 다시 가다니! 상상만으로도 멋진 일 아닌가. 마침 좋은 핑곗거리가 이듬해에 찾아올 결혼 10주년이었던 것. 그날 이후 "결혼 10주년 기념 여행은 하와이로!" 하고 입버릇처럼 말하며 우리 가족만의 특별한 약속을 마음에 새겼다. 하와이 여행을 위해 적금도 들었다. 여행을 위해 적금을 드는 것만큼 설레는 일이 또 있을까? 적금 덕분에 하와이 여행은 약속을 넘어 기정사실이 되었다.

마냥 시간을 허투루 보내며 다음 해만 기다리지 않았다. 한비와 함께 하와이와 관련된 다큐멘터리나 여행 프로그램을 찾아보며 많은 대화를 나누었다. 또 하와이와 관련된 만화나 책도 같이 보곤 했는데, 이렇게 떠날 여행지에 대해 미리 알아보는 여행 준비가 우리 가족에겐 나름의 루틴으로 자리 잡게 되었다. 여행을 대하는 우리 가족만의 공부법이 생긴 셈이다.

요즘 한비는 여행 전 목적지에 관련된 자료를 찾아보며 가고 싶은 곳을 스스로 결정하기도 한다. 엄마 아빠가 결정한 스케줄대로 움직이더라도 가족 여행이니까 그 준비만큼은 아이도 함께해야 하지 않을까. 여행에 참여도가 높을수록 여행 기간 동안 아이가 느끼는 만족도도 커지기 때문이다. 아이와 함께 여행을 준비하다 보면 "엄마, 하와이에서는 지금도 화산 폭발이 일어난대. 아빠, 하와이에선 겨울에 혹등고래를 볼 수 있대(아마도 이건 한비가 아가 때 좋아했던 바다탐험대 옥토넛의 내용을 기억해낸 것이 아닐까)."처럼, 생각지도 못한 꿀팁을 아이 입을 통해 얻기도 한다.

이 루틴 덕분에 우리 아이가 평소 어떤 분야에 호기심을 가지고 있는지, 뭘 좋아하는지도 다시금 알 수 있게 되었다. 무엇보다 아이 스스로 조금씩 꼼꼼하게, 자신만의 여행을 계획하게 된다는 데에 가장 큰 의미가 있지만. 언젠가는 온전히 한비 혼자서 준비하는 여행에 엄마 아빠가 따라가게 될 날도 오겠지. 그러기 위해서는 여행 전에 온 가족이 함께 준비하고, 여행 중이나 여행 이후에 서로 많은 대화를 나누는 것이 우리 가족의 삶에 큰 자양분이 될 거라 믿는다.

늘 곁에 있는 가족이라고 해서 모든 것을 다 알 수는 없다. 우리 가족은 여행을 통해 서로에 대해 조금씩 더 알아가고 있다.

# 오! 마이 하와이

해가 바뀌어 한비가 일곱 살이 되자마자 본격적인 하와이 여행 준비에 돌입했다. 우리 부부의 결혼 10주년을 맞아 떠나는 여행이고 남편에게는 첫 번째 하와이 여행이었다. 꼼꼼한 남편은 벽돌을 한 장 한 장 깨나가듯 계획을 짜며 여행 준비를 시작했다.

남편은 가장 먼저 하와이 여행 카페 '하샌로라(예전 '포에버 하와이')'에 가입해 정보를 수집했다. 그다음『오! 마이 하와이』가이드북을 구입해 우리 가족에게 꼭 맞는 하와이 여행 스타일을 고민했다. 이 과정에서 우리는 많은 대화를 나누며 오아후와 마우이 두 섬을 여행하기로 결정했다. 여행 기간이 짧지 않았기에 이웃섬인 마우이에도 꼭 가보고 싶었다.

여행 후기를 찾아보니 호놀룰루에 도착하자마자 이웃섬으로 이동하는 일정이 우리에겐 가장 좋을 것 같았다. 그래서 마우이부터 여행하고 나서 오아후로 이동하는 일정을 짜놓았지만 괜한 걱정이 시작되었다. 하와이행이 두 번째인 나도 마우이는 또 처음이라, 정작 마우이를 갔는데 우리 취향에 맞지 않으면 어떡하나 싶었던 것이다. 이건 새로운 나라를 여행할 때마다 고민되는 문제이긴 하다. 그렇기에 더 열심히 검색해보고 우리에게 맞을 만한 여행지를 찾게 되는 거겠지. 어쨌거나 하와이를 떠올리면 그저 행복했다. 코끝을 스치던 공기마저도 그리웠기에 기쁜 마음으로 출국하는 날만을 기다렸다.

항공권을 발권한 다음 숙소를 찾아보기 시작했다. 나는 여행에서 숙소 스타일과 컨디션을 가장 중요시한다. 이 사실을 남편은 너무나도 잘 알기 때문에 아마도 숙소 선정은 남편에게 엄청난 미션이었을 거다. 처음에는 아고다, 부킹닷컴, 호텔스닷컴 등 호텔 예약 대행 사이트를 보다가 나중을 위해 호텔 포인트 적립이 가능한 SPG(현재의 Marriott Bonvoy)도 알아봤다. 미국에는 프라이스라인 익스프레스 딜이나 라스트 미닛 트래블 등 핫딜 상품이 있어서, 운이 좋으면 시세보다 훨씬 저렴하게 숙소를 구할 수가 있다.

계속해서 찾고, 고민하고, 또 찾아보던 남편이 마침내 숙소까지 결정했다. 많은 경우의 수를 살핀 다음 마우이에서는 안다즈 3박, 웨스틴 마우이에 SPG 2+1박으로 묵기로 했다. 또 오아후에서는 모아나 서프라이더에서 2+1박, 디즈니 아울라니에서 5박을 하기로 결정했다. 미리 가입해둔 허츠골드를 통해 렌터카도 일사천리로 예약하니 진짜 준비 끝! 이제 정말 떠날 일만 남았다.

"오, 나의 하와이야! 딱 기다려!"

## 한비네 팁

'익스프레스 딜'이란 정해진 구역 안에서 성급으로 분류된 호텔 중, 몇 가지 조건을 참고하여 호텔을 예약하는 방법이에요. 호텔 이름을 예약 후에 알 수 있는 랜덤 방식이라서 30퍼센트 정도 추가로 할인이 돼요. 미국 내 숙소를 가장 저렴하게 구할 수 있다는 장점이 있지만 예약 후 환불은 불가능해요. 매일매일 호텔 리스트가 변경되고 할인율도 달라지기 때문에 마음에 드는 구역에 적당한 가격의 호텔이 뜬다면 망설이지 말고 예약해야 해요.

# 여행 짐 싸기의 치트키

　한비와의 첫 여행을 앞두고 있을 때니까 벌써 10년 전의 일이다. 짐을 싸려고 트렁크를 딱 여는 순간 심난해졌다. 나 혼자 떠나거나 남편과 둘이서 여행할 때에는 그저 내 위주로 짐을 싸면 됐다. 그런데 한비 것까지 준비하려니 여행 전부터 너무나 지쳤던 것이다. 여행은 매우 신나는 일이지만 온전히 엄마의 몫인 짐 싸기는 참 귀찮은 일이 아닐 수 없다.

　하얀 백지 상태와 같던 머릿속에 우리 아이의 하루 일과를 찬찬히 그려보았다. 아침에 일어나 먹고, 낮잠 자고, 싸고, 놀고, 씻고, 또 자고 하는 반복적인 생활 패턴이 그려졌다. 그렇게 가장 중요한 '먹고-자고-놀고-씻고-입고'를 중심에 두고. 여행 중에는 응급 상황이 생기기 마련이니까 '아프고'란 패턴까지 추가해 큰 그림을 완성했다. 그러고서 각 패턴에 필요한 것들을 메모해나갔더니, 어라? 갑자기 짐 싸기가 너무도 수월해지는 게 아닌가!

　큰 분류별로 꼭 챙겨야 하는 물건부터 메모한다면 세부 리스트는 쉽게 작성할 수 있다. 아이가 씻을 때를 예로 들어보자. 말 그대로 우리 집 욕실에서 아이를 씻길 때를 떠올리며 평소에 쓰는 품목을 적어나가면 된다. 보디워시나 샴푸, 로션 등을 비롯해 목욕 장난감까지. 같은 방법으로 먹을 때를 떠올리면 이유식, 유아식 등의 대분류가 나온다. 그 아래에 간식 종류나 수저, 포크, 물병 등 세부적인 것들을 적어보는 거다. 그다음 여행이라는 목적에 꼭 필요한 것으로만 추린다. 아이가 커갈수록 짐은 줄어든다.

우리 가족의 일과를 대분류로 나눠 짐을 싸니 이후 여행이 반복될수록 진짜 딱 필요한 것으로만 넘치지 않는 짐을 쌀 수 있게 되었다. 빠진 물건 없이 아주 야무지게. 열네 살이 된 한비는 이제 직접 여행 짐을 싸는 주니어가 되었다. 원고를 쓰다보니 아가 때의 귀여운 짐 꾸러미들이 새삼 그립다.

Travel Recipe.

# What's in my bag!
# 한비네 여행 가방을 공개합니다!

한비가 45개월쯤 되던 시기에 여름 나라로 해외여행을 떠나며 기록해두었던 짐 싸기 목록이에요. 꼼꼼하게 챙긴 줄 알았는데 무언가를 깜박했다고요? 괜찮아요. 두고 온 건 여행지에 사면 되니까 걱정 말아요!

**먹고(취사가 가능한 곳으로 갈 경우):** 소금과 후추 소용량, 작은 용기에 오일, 유기농 햇반, 컵라면, 김치(캔 또는 파우치 포장), 김.

아이가 어려서 먹이는 음식이 제한적이라면 챙길 게 많을 거예요. 하지만 유아식을 끝내고 어른과 먹는 음식이 비슷해질 즈음이면 어느 나라를 가더라도 다양한 식재료와 먹거리가 있으니 걱정 마세요. 한비네는 호텔에서 과일을 깎을 때 쓸 휴대용 과도와 과일 등을 보관할 용기를 챙겨갑니다. 한비 네 살 무렵 첫 해외여행 때는 비행기에서 먹일 스낵과 유기농 젤리를 챙겼어요. 한 번씩 전기 포트로 끓여 먹이기 편한 한살림 작은 사이즈 누룽지도 챙겼고요.
아이의 개월 수와 컨디션에 따라 요령껏 챙겨보세요. 이유식을 먹는 아가와 함께하는 여행이라면 모유 저장팩에 이유식을 얇게 눌러 급랭한 다음 보냉가방에 차곡차곡 넣어가도 좋지요. 아이가 잘 먹고 잘 자야 온 가족이 행복한 여행이 될 수 있다는 사실을 계속 곱씹으며 짐을 싸면 될 거예요.

**자고:** 잠옷, 아이가 잘 때 꼭 필요로 하는 애착 물건(이불, 인형) 등.

**놀고:** 래시가드, 선글라스, 퍼들점퍼, 수영복(여러 개), 액티비티를 할 때 필요한 도구들, 간단한 모래놀이 용품, 바닷가 모래사장이나 암초 위에서 신을 수 있는 아쿠아슈즈(편하게 신고 망가지면 버리고 올 수 있게 가장 저렴한 걸로), 수영복, 수경, 수영모, 볼캡 등.

한비와 첫 하와이 여행 때에는 한비용 스노클링 도구부터 모든 걸 다 챙겨갔어요. 아이의 나이와 상황을 고려하지 않고, '모두 다 스노클링을 즐길 테니 우리 아이도 당연히 하겠지?'라고 생각한 거예요. 결국 사용하지 못하고 고대로 가지고온 게 대부분이랍니다. 챙겨간 물건들은 짐만 되었고 이후 여행에선 우리 부부의 스노클링 도구만 챙겨 다녔어요.

**씻고:** 칫솔, 치약, 치실, 로션, 크림(여행 가는 나라의 기후와 아이 피부 상태에 맞는 것), 선크림, 알로에겔, 물티슈, 보디워시, 폼클렌징, 빗, 손톱깎이 등.

**입고:** 외출복, 속옷, 양말, 작은 용기에 세탁세제 등.

**아프고:** 해열제, 소화제, 진통제, 일회용 후시딘, 반창고, 모기 퇴치 스프레이, 리도맥스, 설사 시 필요한 약(스맥타), 알레르기 약 등.

**그 밖에 엄마 아빠에게 필요한 물건:** 각종 충전기, 카메라, 수중 카메라, 휴대용 유모차, 작은 사이즈 보냉백, 차량용 부스터 시트(렌터카를 이용할 경우) 등.

**출발 당일 비행기 안에 가지고 탈 물건:** 휴대폰 거치대(렌터카를 이용할 경우), 멀미 있는 한비 위해 멀미약, 스도쿠, 노이즈 캔슬링 헤드폰(비행기에서 아이용 헤드폰을 주긴 하지만 개인 헤드폰을 꼭 가지고 타길 추천. 노이즈캔슬링 헤드폰은 비행기 이착륙 시에 소음을 느끼지 않게 해주며 비행 시간 내내 스트레스 받지 않고 영화에 집중할 수 있게 해주는 최고의 여행 파트너라고 생각해요), 작은 사이즈 색연필 세트, 색칠놀이 프린트해서 여러 장, 얇은 긴팔 카디건, 모기 퇴치 팔찌(비행기에 모기 생각보다 많아요), 여권, 비행기표 등.

**수하물로 보낼 물건:** 부스터 시트, 휴대용 유모차.

# 안녕, 마우이!

호놀룰루에 도착한 다음 곧장 마우이로 이동하는 일정이라, 호놀룰루에서 다시 마우이까지 이동하는 비행기 시간을 정하는 데 고민을 정말 많이 했다. 하와이에 현지 시간으로 언제 도착하는지 꼼꼼히 체크하고 신중하게 항공권을 골랐다. 혹시라도 연착되거나 변수가 생겨 마우이행 비행기를 놓치지는 않을까 걱정이 되었기 때문이다.

아니나 다를까. 긴 비행을 마치고 호놀룰루 공항에 착륙하자 울려 퍼지는 기내 방송. 공항이 혼잡해 비행기에서 30분 정도 대기해야 한다는 내용이었다. 전 세계인들이 몰리는 호놀룰루 공항은 1년 내내 인파로 북적거린다. 그곳에서 변수를 줄일 수 있는 가장 좋은 방법은 시간표를 여유롭게 짜두는 것. 특히나 가족 여행이고 아이와 함께라면 더더욱 여유가 필요하다. 이건 한비와의 여행 경험이 많아지면서 배운 큰 깨달음이기도 하고, 부부의 여행에서 아이와 함께하는 가족 여행으로 바뀌면서 가장 크게 바뀐 점이기도 하다.

마우이행 비행기 시간을 여유롭게 잡아두었기에 망정이지, 시간 아낀다고 촘촘하게 출발 시간을 잡았더라면 큰일 날 뻔했다. '호놀룰루 공항에 아침 일찍 도착해서 곧바로 마우이로 이동할 거고 숙소에는 점심 때쯤 도착하겠지.' 하는 생각은 정말 큰 오산이었다. 마우이 공항에서 렌터카를 픽업해 숙소로 이동하는 시간 역시 예상보다 훨씬 길었던 것이다.

공항에 도착한 뒤 숙소까지 이동하는 일은 해외여행에서 겪는 첫 번째 미션. 게다가 해외에서의 운전은 항상 내 몫이다. 한국에서 준비해간 휴대폰 거치대를 신중히 설치하고 구글맵을 켰다. 핸들을 잡는 순간은 늘 긴장되지만 동시에 몹시 설레기도 한다. 여행에서의 첫 단추를 끼우는 기분.

마우이 공항에서 웨스틴 마우이로 가는 길은 한참이 지난 지금도 아주 선명하게 기억난다. 운전에 집중하느라 옆에 펼쳐진 바다 뷰를 즐기지는 못했지만 스릴 넘치는 운전 코스에 한껏 신이 났었지. 마우이의 첫인상은 일단 '합격'이란 느낌이 강하게 들었다.

한참을 달려 마침내 도착한 웨스틴 마우이. 서울에서 출발해 마우이 숙소에 도착하기까지 14시간이 넘게 걸렸다. 긴 비행 시간, 낯선 여행지. 이미 우리 가족은 지칠 대로 지쳐버린 상태. 하지만 여기가 어딘가. 바로바로 하와이! 이 사실만으로 마음만큼은 금세 에너지가 충전되었다. 시차 때문에 힘들다며 침대에 누워버리면 큰일 난다. 빨리 옷 갈아입고 나가자!

짐을 내려놓자마자 호텔 프라이빗 비치로 나갔다. 마우이의 해변을 빨리 만나고 싶어서였다. 처음 마주한 숙소 앞 비치는 여행자들 특유의 행복한 기운들로 넘실댔고, 아기자기했다. 그리고 또 뭐랄까. 오아후에서는 느낄 수 없던, 마우이만의 묘한 분위기가 강력하게 느껴졌다. 마우이가 우리 가족에게 맞지 않으면 어쩌지 하고 고민했던 시간이 무색할 만큼 완벽한 섬이었다. 가슴이 두근거렸다.

'어쩌지, 나 마우이와 사랑에 빠질 것 같아.'

긴장이 풀린 탓인지 배가 많이 고팠다. 해변을 따라 걷다 제일 먼저 발견한 '훌라그릴'에 들어가 스파게티와 피자를 눈 깜빡할 사이에 먹어치웠다. 그리고 소화도 시킬 겸 근처에 있는 웨일러스 빌리지 쇼핑센터까지 걸었다. 한비와 남편, 그리고 나. 셋이 함께 하와이 해변을 걷고 있다는 것 자체만으로도 로맨틱했다.

마우이는 오아후에 비해 쇼핑할 곳이 많지 않다고 해서 기대하지 않았는데 웬걸, 서핑용품은 물론이고 예쁜 아이템들이 많아 기분이 좋아졌다. 게다가 한비는 웨일러스 빌리지 내에 있는 놀이 시설에서 아빠와 한참 놀며 시간을 보냈다. 방금 전까지만 해도 바짝 긴장한 마우이 초행자였는데 순식간에 적응을 마쳤다.

'안녕, 마우이? 우리 초면이지만 잘 부탁해!'

---

**한비네 팁**

차량으로 이동이 많은 만큼 한비를 위해 부스터 시트를 미리 준비했어요. 부피가 커서 여행지에서만 쓰고 나서 버리고 올 생각으로 저렴한 걸 샀죠. 그런데 막상 버리고 돌아오자니 너무 아까워서 다시 챙겨왔어요. 그리고 그 부스터 시트를 이후 4년 동안 여행 갈 때마다 사용했답니다. 부스터 시트는 무료 수하물로 취급해주는 항공사가 많아요. 아이와 여행을 자주 다닐 예정이라면 구입해두는 것도 좋아요.

# 우리 가족에게 딱이야!

이번 하와이 여행에서는 남편이 숙소를 비롯한 모든 일정을 정했다. 우리 부부의 숙소 취향은 꽤나 다른 편이라 조금 염려가 되긴 했지만. 그동안 수없이 여행을 다니면서 나의 확고한 취향을 남편에게 최대한 많이, 꾸준하게 어필해왔기 때문에 일단 믿고 따라갔다.

남편이 여행 전 숙소에 대한 힌트를 살짝 주긴 했는데, 난 일부러 찾아보지 않았다. 남편의 힌트에 의하면 마우이에서의 첫 번째 숙소는 캐쥬얼한 곳, 두 번째는 고급스러운 숙소라는 정도만 알고 따라온 여행이었다. 마우이의 주요 숙소들은 해안을 따라 있는데 서부는 웨스틴, 하얏트 리젠시 등 가족이 묵을 만한 호텔이 많다. 반면 남부 와일레아 지역에는 포시즌, 안다즈, 페어몬트, 월도프 아스토리아 등 고급 리조트가 즐비하다.

나는 가격 대비 룸 컨디션이 좋고 편의시설이 훌륭한 숙소를 선호한다. 투숙비가 비싼 숙소라면 방은 물론이고 편의시설 또한 대부분 만족스럽겠지만, 가격에 비해 터무니없는 경우도 많다. 여행을 떠나기 전 틈만 나면 구글맵을 열고서 유명 숙소들이 모여 있는 동네를 파악한다. 숙박 요금을 검색하고 사진을 쭉 훑어보면 가격 대

비 괜찮은 곳인지 아닌지 감이 딱 오기 때문이다.

내 감이 아닌 남편의 감을 믿고서 만난 마우이에서의 첫 숙소는 더 웨스틴 마우이 리조트 & 스파(카아나팔리). 마우이의 대표 비치인 카아나팔리 중앙에 위치하고 방 컨디션과 주변 환경이 뛰어났다. 또 리조트 바로 앞에 바다가 있고 수영장 내 슬라이드가 있어 물놀이를 좋아하는 한비에게 최적의 숙소였다. 아마도 내가 숙소를 선택했다면 이 숙소는 패스했을 가능성이 매우 컸겠지. 숙소 선정을 남편에게 맡기길 정말 잘했다는 생각이 들었다.

남편의 예상은 적중했다. 한비는 돌고래로 다시 태어난 것처럼 배고픈 시간을 제외하고는 하루 종일 수영장에서 나오질 않았다. 저녁이 되면 숙소 바로 앞 프라이빗 비치로 나가 우리 부부는 석양을 감상했고, 한비는 석양 아래 비치에서 모래놀이에 흠뻑 빠졌다.

웨스틴 마우이는 진정 석양 맛집이 아닐 수 없다. 이곳에 머무는 동안 매일 밤 맥주와 와인을 마시며 석양을 즐겼다. 여행 시작부터 느낌이 좋았다. 우리 가족에게 딱 맞는 숙소를 찾아준 남편에게 다시 한 번 고마운 마음이 들었다.

# 블랙 락 비치에서 스노클링을?

일어나자마자 아침을 든든하게 먹고 야무지게 수영복으로 갈아입었다. 매일같이 리조트 수영장에서 살았지만 보다 특별한 모험이 기다리고 있었기 때문이다.

남편은 서울에서부터 트렁크 하나 가득 챙겨온 스노클링 장비를 배낭에 넣고 마치 이날만을 기다렸다는 표정으로 앞장서서 걷기 시작했다. 누가 보면 전문 다이버인 줄 알겠다.

웨스틴 마우이 바로 앞에서 시작해 비치를 따라 북쪽으로 걸어가다 보면 나오는 블랙 락 비치가 우리의 목적지. 걷는 길의 왼쪽엔 바다, 오른쪽엔 리조트가 쭉 이어졌는데 아이스크림 가게도 지나고 수영하는 사람들도 보여 즐겁게 걸어갈 수 있었다.

남편이 알아본 바로는 걸어서 20분 정도면 도착하는 거리였다. 하지만 우린 한비가 걷는 속도에 맞추며 중간중간 스노클링 장비를 내려둔 채 쉬기도 했고 한비가 원하는 스무디도 마셔야 했고 갑자기 모래놀이도 해야 했다. 아이와 함께하는 여행에서 엄마 아빠의 예상대로 되는 일은 많지 않다. 그렇기 때문에 몸도 마음도 여유가 필요하다. 이렇게 우리 셋의 여행 스타일을 만들어나가는 것이 차곡차곡

쌓여 큰 즐거움이 되고 훗날 재미난 이야깃거리가 되겠지.

그렇게 도착한 블랙 락 비치는 이름처럼 조금은 싸한 분위기였다. 맥주를 마시며 자유롭게 노는 현지인들이 대부분이었는데 아이가 있는 우리로선 조금 무섭기도 했다. 사람들은 아찔한 절벽에서 다이빙을 하고 수영도 했는데 저러다 다치지는 않을까 싶을 만큼 바닷속은 까만 돌로 가득했다.

남편은 호기롭게 오리발을 끼우고 스노클링 장비를 착용했다. 그러더니 "갔다 올게!" 하는 말과 함께 한비 손을 꼭 붙잡은 채 바닷속으로 성큼성큼 들어갔다. 나는 두 사람을 기다리며 느긋하게 혼자만의 시간을 보내야겠다 싶었다. 아이와 남편의 뒷모습을 지켜보며 호젓하게 비치의 풍경을 만끽하자는 잠시일 뿐. 호방해도 너무 호방한 현지인들 사이에서 쫄보가 되어 두근 반 세근 반 하는 마음으로 가져간 짐을 지키기 바빴다. 그렇게 30분이 지났을까, 남편과 한비가 걸어 나오는데 뭔가 심상치 않아 보였다. 자세히 보니 남편 다리에서 피가 줄줄 흐르는 게 아닌가.

사건의 이야기를 들어보니 남편은 바닷속으로 들어가는 순간부터 '아, 여긴 아니구나!' 싶었다고 한다. 물속은 너무 거칠어서 균형 잡고 서기조차 힘든 돌바닥이었고 물살도 매우 거셌다고. 그 와중에 한비를 안고 버티다 휘청거리며 넘어졌고 돌에 심하게 긁히는 바람에 피가 많이 나고 있었다. 나한테 손을 흔들던 모습은 반가운 인사가 아닌 살기 위한 몸부림이었던 것이다.

파도가 거센 절벽 바로 앞에서 입수한 것도 문제였다. 사람들이 절벽과 떨어진 곳에서부터 바닷속으로 들어가는 이유가 다 있었는데. 남편은 사람들이 없는 곳에서 스노클링을 하는 게 좋을 것 같아서 아무것도 모른 채 절벽 가까이 들어간 것이었다. 블랙 락 비치는 절벽 다이빙으로 유명한 곳은 분명하지만 하와이에서의 첫 스노클링을 그것도 일곱 살 한비와 즐기기 위해 올 곳은 아니었다. 한비에겐 아직 숙소 수영장이 딱인데. 숙소로 돌아온 한비는 수영장에서 실컷 놀았다. 아빠의 마음도 모른 채 말이다.

다시 떠올려도 아찔한 그날의 기억. 잠깐 동안은 스노클링의 성지라며 블랙 락 비치를 추천한 남편의 멱살을 잡고 싶은 심정이었으나, 한비에게 다양한 경험을 선사하고 싶었던 그 마음에 큰 점수를 주었다. 한비가 다치지 않았고 남편도 그만하면 다행인 거니까.

# 시크릿 비치

나에겐 아주 특별한 능력이 있다. 길눈이 밝아서 낯선 곳을 잘 찾아가고 우리 가족 취향에 딱 맞는 곳을 귀신같이 발견하는 일명 '촉'이라는 능력. 또한 나는 우리 집 운전 전담이기에 촉이 오는 곳으로 운전대를 돌릴 수 있는 우선권을 가지고 있다. 남편 역시 나의 남다른 촉을 알기 때문에 늘 믿고 따라오는 편이다. 갔다가 아님 말고, 다시 되돌아가면 되는 것이 여행이니까.

웨스틴 마우이에서 체크아웃을 하고 나니 다음 호텔 체크인 시간까지 여유가 있었다. 다음 숙소는 남부 쪽이니까 카팔루아 비치와 DT플레이밍 비치 파크가 있는 북쪽을 둘러보고 가기로 했다.

DT플레이밍 비치 파크는 스노클링을 하기에 좋은 곳이다. 하지만 숙소로 가기 전 쓰윽 드라이브만 하기로 했던 터라 해변이 내려다보이는 공원에 머물며 시간을 보냈다. 한비는 푸른 잔디밭에서 신나게 뛰어놀았다. 놀이 시설도 놀거리도 없었지만. 가장 중요한 모든 것이 있는 순간이다. 엄마 아빠와 한비가 뛰어놀 잔디밭, 따뜻한 햇살과 상쾌한 바람까지.

서쪽 해안을 따라 다시 남쪽으로 내려갔다. 마우이 서부 해안

길은 아름다운 비치와 고급 리조트들이 모여 있어 인기 드라이브 코스다. 주요 리조트들이 서쪽에 많은 이유는 바로 아름다운 석양 때문인데, 마우이에 머무는 동안 인생 최고의 석양을 날마다 만났다.

남쪽으로 향한 지 얼마나 지났을까. 현지인처럼 보이는 사람들이 서핑 보드를 들고 어디론가 내려가는 모습이 보였다. 그때 난데없는 촉이 딱 발동했다.

"오빠, 여기가 어디야? 우리 여기에 차 세워두고 저 사람들 따라 가보자."

금세 돌아올 줄 알고 아무것도 챙기지 않은 채로 무작정 주차를 하고 사람들을 따라 계단을 내려갔다. 계단을 한참 내려가니 정말 입이 딱 벌어지는 풍경이 눈앞에 펼쳐졌다. 낮게 떠 있는 하얀 구름과 에메랄드빛 바다. 고운 백사장까지. 서핑을 즐기는 몇몇을 빼면 텅 빈 이 아름다운 해변을 온전히 즐길 수 있었다. 마치 우리에게만 주어진 특권처럼. 다음 숙소에 체크인을 해야 하는 것도 잠시 잊은 채 무작정 찾아온 이 아름다운 비치에서 한참을 놀았다.

한비는 바닷가에 떨어져 있던 나무조각이 악기처럼 보였는지 연주하듯 가지고 놀았고, 난 백사장에 앉아 하염없이 바다를 바라보았다. 지금 이 글을 쓰면서도 그날의 파도 소리가 들리는 것만 같다. 고요해서 시간이 멈춘 듯했던 그때. 마음속 무거운 부분을 파도와 구름이 보듬어주는 기분이었지. 아무런 준비도 어떤 설명도 필요 없던 그 순간, 세월은 흘렀지만 파도 소리와 시원한 바람, 부드러운 모

래의 촉감을 고스란히 기억하고 있다. 우리 가족은 보물처럼 비밀스럽게 숨어 있던 그 해변에 '시크릿 비치'라는 이름을 붙였다.

오넬로아 비치. 남편이 구글맵에 위치를 저장하면서 이곳의 진짜 이름을 말해줬다. 발음하기만 해도 기분이 좋아지는 이름은 맞지만 우리에게는 그냥 시크릿 비치다. 사실 그날 이후 우리 가족만의 시크릿 비치가 수없이 생겼다.

# 알로하, 파라다이스!

주차를 하러 들어간 안다즈 호텔은 생각했던 것보다 규모가 작아 보였다. 너무 기대가 컸나, 아님 남편을 너무 믿었나 하면서 트렁크를 끌고 터널 같은 묘한 입구를 따라 로비로 걸어갔다. 처음의 실망감은 이내 놀라움으로 바뀌었다. 출입구를 지나자 모던한 느낌의 로비가 나타났고, 메인 풀이 시선 가득 들어왔다. 야자수와 계단식 수영장, 수영장 끝 저 멀리 보이는 찬란한 바다까지. 이건 정말이지 감동을 넘어 서프라이즈급이었다.

우리는 방에 도착하자마자 수영장으로 향했다. 이런 게 진짜 행복이 아닐까 하는 생각이 절로 들었다. 그렇게 몇 시간을 놀고 해가 지는 모습까지 보고 있는데 비가 내리기 시작하더니 사람들이 하나둘 숙소로 돌아갔다. 곧 우리 가족만 수영장에 남았다. 쏟아지는 비를 맞으며 한비는 작은 돌고래처럼 쉼 없이 수영을 하며 놀았다.

'비 오는 날 야외 수영이야말로 꿀잼이라는 걸 사람들은 모르네.'

와인을 마시면서 남편에게 물었다.

"우리 내일은 뭐 할까?"

남편은 내일은 내일의 일들이 있다며 그냥 지금 충분히 쉬고 즐

기자고 대답했다. 남편의 진짜 계획이 뭔지 궁금했지만 더 묻지는 않았다. 웬일이지? 계획이 없는 것이 계획인 여행을 가장 좋아하는 나에게 이제 남편도 완벽하게 적응한 걸까?

안다즈 마우이라는 곳에 대해 전혀 모르고 있다가 깜짝 선물을 받은 것처럼, 다음 날 남편이 준비해줄 선물을 기다려보기로 했다. 파라다이스가 있다면 아마 지금 이곳이 아닐까 생각하면서.

**한비네 팁**
**안다즈 마우이 리조트 밴 서비스**
안다즈 마우이 리조트에 묵으면서 도보 10분 거리에 있는 더 숍스 앳 와일레아를 날마다 방문했어요. 저녁 식사 후 소화를 시킬 겸 산책하며 찾기 좋은 곳이거든요. 숙소로 돌아올 때는 안다즈에서 투숙객을 위해 운영하는 밴 서비스를 이용해보세요. 쇼핑을 즐기다 보면 금세 어두워져서 가까운 거리여도 걷기는 조금 부담스러우니까요.

럽게 볼에 닿는 상쾌한 바람. 그야말로 파도에 몸을 맡기며 노 젓기 딱 좋은 타이밍이었다.

우리 가족은 구명조끼를 입고 다른 여행자들과 함께 6인용 카약에 탔다. 양쪽으로 패들을 젓는 건 처음이었지만 가이드의 설명을 듣고 따라 하니 어렵지 않았다. 가이드가 운이 좋으면 바다거북을 볼 수 있다고 말하자마자 유유히 스쳐 지나가는 바다거북을 만났다. 하와이에서 만난 첫 번째 바다거북이었다. 그것도 모래사장에서 잠자고 있는 거북이 아닌 태평양 바다에서 수영하고 있는 바다거북이라니! 우리 가족에게 좋은 일이 있을 징조 같았다. 남편은 카약 프로그램 후 스노클링 장비를 빌려가더니 바닷속에서 헤엄치는 거북이를 만났다며 한참을 떠들고 아이처럼 신나 했다.

남편과 나는 여행지에서의 새로운 경험을 즐긴다. 그래서인지 한비 역시 새로운 것을 두려워하기보다는 엄마 아빠와 함께 도전하기를 즐긴다. 새로운 경험이라고 해서 꼭 많은 비용이 드는 건 아니다. 호텔 내 프로그램을 미리 예약하는 노력과 때론 조금 일찍 일어나는 부지런함이면 충분하다.

---

**한비네 팁**

하와이의 거의 모든 숙소에는 리조트 피가 있어요. 숙박 외 요금인 리조트 피는 다양한 서비스나 프로그램에 대한 비용으로, 숙박 일수대로 반드시 지불해야 하기 때문에 잘 활용해 즐기는 게 좋답니다. 주로 체크인 시 호텔 내 프로그램을 안내해주지만 컨시어지를 통해서도 이용할 수 있어요. 우리 가족은 안다즈 마우이에서 카약 타기와 우쿨렐레 클래스에 참여했어요.

# 한비 아빠가 알려주는
# 하와이 호텔 100퍼센트 이용하기

하와이 여행에서 가장 큰 비중과 예산을 차지하는 것은 바로 숙소예요.
예산에 맞춰 호텔이나 리조트를 정했다면 다음은 숙소를 최대한 잘 활용하는
것을 목표로 삼아보아요. 호텔이 제공하는 서비스나 프로그램들이 생각보다
많답니다.

## 컨시어지를 이용하자

호텔 컨시어지 서비스에는 호텔에 도착해 짐 들기부터 교통 안내, 관광과
쇼핑 정보 제공, 음식점 추천과 예약, 항공권 변경이나 구하기 힘든 티켓 구매
대행까지 포함돼요. 특히 식당 예약이 필수인 하와이에서는 컨시어지를 통한
식당 예약이 가장 쉽고 확실해요. 갑자기 일정이 빈다면 컨시어지를 통해
여행 정보를 추천받는 것도 좋아요. 컨시어지 서비스는 숙박 비용에 포함되는
만큼 팁을 줄 필요가 없어요.

## 무료 프로그램을 듣자

체크인을 했다면 컨시어지를 통해 호텔에서 제공하는 프로그램 시간표를
받아보세요. 요가, 쿠킹 클래스, 우쿨렐레 레슨은 물론이고 해양
액티비티까지 다양한 프로그램이 있답니다. 아이만 참여하거나, 아이와
부모가 함께 체험할 수 있는 프로그램도 많아요. 단 인원 제한이 있어 인기
있는 프로그램은 사전 예약이 아니면 자리가 없을 수가 있어요. 체크인을 할
때에나 하루 전날 미리 프로그램을 예약해두면 좋아요.

## 다른 일행과 함께 묵는다면 커넥티드 룸

몇몇 가족이 함께 여행하는 경우라면 방이 연결되어 있는 커넥티드 룸을
요청하도록 해요. 문으로 공간을 나눌 수 있기 때문에 가족별 사생활이

보장되고, 식사나 함께 시간을 보낼 때에는 룸을 모두 연결하게 되어
편리해요. 같은 숙소지만 방을 따로 예약한 경우라도 현장에서 커넥티드
룸으로 변경할 수 있는지 문의해보세요.

## 바비큐 시설을 이용하자

호텔이 아닌 리조트나 콘도 형식의 숙박 시설은 대부분 바비큐 시설을 갖추고
있어요. 시설이 깔끔하고 고기를 굽는 것도 어렵지 않습니다. 바비큐 시설이
야외 수영장 근처에 있기도 한데, 아이들이 노는 모습을 보며 식사 준비를 할
수 있어 편리해요. 생각보다 이용하는 사람이 적은 것도 장점이에요.

## 프라이빗 비치를 만끽하자

해안가에 위치한 호텔이라면 프라이빗 비치를 가지고 있는 곳이 많죠. 퍼블릭
비치와는 달리 프라이빗 비치는 투숙객만 이용할 수 있어 더 조용하고,
호텔에서 제공하는 서비스도 받을 수 있어요. 무엇보다 숙소와 연결되어 있기
때문에 바다 수영을 즐긴 후 곧바로 샤워를 하기에도 편리해요.
호텔에서는 간단한 물놀이 용품부터 고프로까지 대여해주기도 해요. 트럼프
인터내셔널 와이키키 호텔은 선크림과 타월, 생수, 사과 등이 들어 있는
비치백을 컨시어지에서 무료로 제공하기도 해요. 굳이 따로 짐을 챙길 필요
없이 가볍게 몸만 가면 된답니다. 사용한 비치 백은 반납하면 되어요.
아! 혹시 한국으로 돌아가는 비행기가 저녁 시간이라면 체크아웃을 한 뒤
짐을 맡기고 수영장이나 리조트 시설을 저녁까지 즐길 수도 있어요. 저녁
비행기를 타야 하는 고객을 위한 샤워시설이 따로 마련된 곳도 있으니
이 부분도 최대한 활용해보세요(저희는 디즈니 아울라니 리조트에서
이용했어요).

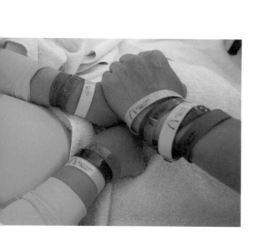

# 배 멀미와 혹등고래

혹등고래를 보는 일정은 하와이 여행을 준비하던 때부터 한비가 가장 기대하던 계획 중 하나였다. 마우이에서는 11월부터 4월까지 그중에서도 우리가 찾은 2월이 혹등고래를 보기 가장 좋은 시기다. 혹등고래를 보기 위해선 날씨가 매우 중요하기 때문에 당일 아침 날씨를 보고 호텔 컨시어지를 통해 예약했다.

라하이나 항구에 있는 태평양 고래재단 사무실에서 간단히 체크인을 하고 항구로 향했다. 생각보다 큰 배가 우리를 기다리고 있었다. 혹등고래를 만날 기대감에 한껏 부푼 한비와 남편을 보니 나도 덩달아 가슴이 두근두근! 20분 정도 바다 위를 달리듯 떠가더니 이윽고 배가 멈췄다. 승객 모두가 혹등고래를 기다렸다. 아이 어른 할 것 없이 마치 선장님의 지시만을 기다리는 선원이 된 것처럼 상기된 표정이었다.

그런데 전혀 예상치 못한 일이 일어났다. 그 큰 배 안 수많은 사람들 가운데 유독 나만 배 멀미를 시작한 것이다. 배가 파도를 따라 흔들릴 때마다 내 속도 울렁울렁. 이런 멀미는 난생처음이었다. 배를 타기 전 멀미약을 챙겨 먹은 게 그나마 다행이었을까. 비행기를

타면 심하게 멀미하는 한비에게 혹시 몰라 승선 전에 멀미약을 먹이면서 나도 챙겨 먹었는데. 멀미약이 배 멀미를 완전히 이겨내지는 못한 모양이었다.

배에는 어린아이부터 백발 노인까지 전 연령대가 타고 있었는데 나만 멀미로 고통스러워하고 있었다. 하늘이 노래지고 금방이라도 먹은 것이 올라올 것만 같아 남편에게 등을 두드려달라고 했다. 남편이 내 등을 두드리려는 사이, 선장이 3시 방향에 혹등고래가 나타났다며 안내 방송을 했다. 배에 타고 있던 사람들 모두가 혹등고래를 보기 위해 야단이었지만 나는 한 발짝도 움직일 수가 없었다.

선장의 말대로 진짜 어마어마하게 큰 혹등고래가 코앞에서 점프를 하는데 남편은 내 등을 두드려주느라 그 모습을 놓치고 말았다. 그토록 보고 싶던 혹등고래였는데, 물살을 튀기며 바닷속으로 들어가는 혹등고래의 꼬리만 겨우 보고 말았다니!

생각지도 못한 멀미 탓에 몸은 만신창이가 되었지만. 그래도 망망대해에서 혹등고래를 만날 수 있었다는 사실이 그저 신기할 따름이었다. 남편 역시 아쉬워했으나 이 또한 추억 아니겠는가. 나의 멀미 때문에 당신의 인생 사진이 될 뻔한, 혹등고래가 뛰어오르는 모습을 담지 못하게 되었네. 미안해, 남편! 내가 구글에서 혹등고래 뛰어오르는 사진 멋진 걸로 찾아줄게!

〈바다 탐험대 옥토넛〉에서나 볼 수 있던 혹등고래를 한비에게 실제로 보여줄 수 있어 정말 감사하고 행복했다. 배에 탄 아이들이

고래를 잘 볼 수 있도록 배려해주던 외국인 여행자들의 모습 또한 잊을 수 없을 것만 같다.

멀미로 인해 탈진 직전이었지만 배에서 내리자마자 다음 목적지로 향했다. 사실 힘들면 쉬고 일정을 변경하며 여행하는 우리 가족에게 하루 두 가지 이상의 일정은 극히 드문 일이다. 나는 무언가에 홀린 듯이 다시 운전대를 잡았다.

# 딱 한 번만, 할레아칼라

마우이 여행을 준비하면서부터 남편은 할레아칼라에 대해 이야기했다. 높이 3,058미터에 달하는 세계 최대의 휴화산. 구름 위에서 보는 일출과 일몰의 웅장함, 노을이 사라진 후 반짝이는 별까지. 남편이 어찌나 여러 번 이야기하던지 가이드북에 나오는 내용을 다 외울 지경이었다. 남편이 그러거나 말거나 내 관심 분야가 아니라 사실 한 귀로 듣고 한 귀로 흘렸다. 그런데 할레아칼라에 가기 위한 유일한 방법은 차. 운전 담당인 내가 무조건 오케이 해야 갈 수 있는 곳이라 남편이 한국에서부터 귀에 딱지가 생길 정도로 얘기했던 것이다.

그토록 가고 싶다니 내가 선택할 수 있는 건 일출을 볼 것이냐, 일몰을 볼 것이냐뿐. 일출을 보려면 새벽 서너 시에는 출발해야 했다. 하지만 여행 중이 아니더라도 평소 나의 컨디션으로는 절대 불가능한 기상 시간이다. 그래서 혹등고래를 보고 일몰을 보러 가기로 야무지게 계획을 세웠는데, 배 멀미를 하게 될 줄이야. 그래도 남편이 이번 마우이 여행 중 가장 기대했던 곳이니 포기할 수는 없었다. 구름이 낀 하늘이었다면 날씨 핑계라도 댔을 텐데 어쩜 그리 화창하

던지.

　마트에서 가볍게 먹을 스낵과 물, 그리고 한비가 가는 동안 지루해하지 않을 만한 간식을 사서 할레아칼라로 출발했다. 멀미의 여운이 남아 있는 나와 달리 남편은 석양을 볼 마음에 너무 들떠 있었다. 졸지 않기 위해 노래를 크게 틀어놓고 구불구불한 길을 따라 할레아칼라로 올라갔다.

　할레아칼라로 가는 길은 꽤 험난했다. 마치 원뿔 모양의 고깔 위 좁은 길을 빙글빙글 돌아서 하늘을 향해 올라가는 것만 같았다. 해가 지기 전까지는 동글동글 한 바퀴씩 올라갈 때마다 바뀌는 자연경관이 너무 아름다워 궁둥이를 들썩거리며 운전했다. 그런데 10분, 20분, 30분……. 시간이 지날수록 어둠이 너무 빠르게 엄습해 와서 앞이 하나도 안 보였다. 운전대를 몸에 바짝 붙이고 온몸의 신경을 곤두세운 채 천천히 운전하다 보니 두통까지 올 지경이었다. 가드레일이 없는 낭떠러지 길을 운전했다는 사실을 떠올리면 지금도 어질어질하다.

　오전 일정이 피곤했던 한비는 꿀잠을 자느라 할레아칼라로 향하는 길의 예쁜 풍경도, 엄마가 아찔하게 운전하는 모습도 보지 못했다. 어느새 도착한 정상. 힘들게 도착한 그곳은, 오 마이 갓! 마치 시베리아에 온 듯한 느낌이었다. 웨일 워칭 이후 바로 온 덕분에 우린 모두 반바지와 슬리퍼 차림이었는데 찬바람이 얼마나 거센지 한비가 정말 날아갈 것만 같아 꼭 붙잡고 있어야 할 정도였다. 오전엔

온화한 대양의 기운을, 오후엔 극강의 추위를 다 경험하다니 하와이 대자연의 위엄을 몸소 느낀 하루였다.

할레아칼라 정상은 1분 사이에도 비가 내렸다가 그치고 해가 보이고를 반복하는 신비로운 곳이었다. 사람들은 잠깐 해가 비치면 환호성을 질렀고 그 틈을 타 사진을 찍느라 바빴다. 추워서 발을 동동거리며 서로 껴안고 버티는 모습이 마치 강강술래라도 하는 듯이 보였다. 그럼에도 누구 하나 쉽게 발걸음을 떼지 못했다. 빠르게 지나가는 검은 비구름 사이로 하얗고 뽀얀 태양이 또 언제 나타나 눈부신 장관을 선물해줄지 모르기 때문이다.

한참 뒤 할레아칼라 정상을 향해 올랐던 그 험난한 길을 이번엔 암흑 속에서 거북이처럼 느릿느릿 내려왔다. 다시는 할렐아칼라에 올 일이 없을 거라고 남편에게 선전포고를 하듯 말했다. 절대 잊지 못할 특별한 경험도 딱 한 번이면 충분하니까.

# 하와이 퍼스트레이디

하와이 여행을 준비하던 남편이 가고 싶은 곳이 있느냐고 물었다. 첫 오아후 여행 중 마음속에 담아둔 숙소가 떠올랐다. 이름이 생각이 나지 않아 한참 검색하다가 찾은 곳은 모아나 서프라이더 호텔. 남편은 내 이야기를 듣더니 오아후에서 머물 첫 번째 숙소로 모아나 서프라이더 호텔을 예약했다. 결혼 10주년 선물이었달까.

만삭의 몸으로 친한 동생과 여행했던 첫 하와이 여행은 초알뜰 콘셉트의 여행이었다. 와이키키 비치를 뒤뚱뒤뚱 왔다 갔다 하며 하와이에 다시 오게 된다면 나도 꼭 바다가 보이는 근사한 숙소에 머물고 싶다 생각했었지. 그 당시에는 구글맵을 이용하지 않았을 때라 분위기와 느낌을 떠올려 모아나 서프라이더 호텔을 찾은 거였다. 나도 드디어 꿈에 그리던 호텔에서 묵게 되었구나, 하며 호텔에 도착했다. 그런데 이게 웬일! 내가 기억하고 있던 그 호텔이 아니었다.

"엇! 여기가 아닌데?"

남편에게 말하고 다시 검색해 보니 내가 가고 싶던 곳은 모아나 서프라이더와 멀지 않은 곳에 위치한 할레쿨라니 호텔이었다. 하하하, 으악! 실망스러웠지만 나의 착각이니 일단 즐기자 싶었다.

모아나 서프라이더 호텔은 입구에 서 있는 높은 기둥, 고풍스러운 로비, 반얀트리 나무 아래 있는 수영장까지 마치 하와이 왕조의 궁전 같았다. '와이키키의 퍼스트 레이디'라는 별명과 꼭 어울리는 곳이었다. 체크인을 하는 시간이 왠지 평소보다 더 걸리네. 좋은 느낌이다. 지금까지의 여행을 바탕으로 보면 남편이 체크인을 하는 시간이 지체될 때마다 뭔가 좋은 일이 있었다. 이번에도 역시나, 체크인을 담당하는 직원과 이런저런 대화를 하며 룸 업그레이드를 받았다는 거다! 그것도 스위트룸으로. 오 마이 갓!

아마도 남편은 이곳을 예약하게 되기까지의 이야기를 자연스레 꺼낸 게 아닐까. 남편은 상냥하게 대화하며 상대방을 기분 좋게 해주는 재주가 있다. 이 능력은 여행 중 숙소 체크인을 할 때에 언제나 플러스 요인으로 작용하곤 한다.

스위트룸으로 업그레이드를 받은 남편의 어깨는 하늘로 치솟을 태세였다. 방문을 열자 파란 와이키키 바다가 한눈에 들어왔다. 사방으로 펼쳐진 바다가 가슴까지 뻥 뚫리게 하는 정말 아름다운 방이었다. 오래된 숙소라 너무 클래식해서 조금 을씨년스럽기까지 한 특유의 분위기는 어쩔 수 없었지만. 1901년부터 이곳을 지켜온 곳이라는 이야기를 듣고 나니 오히려 매력적으로 느껴졌다.

마우이에서의 여섯 밤이 너무 행복해서 오아후로 향하는 발걸음이 망설여질 정도였는데, 7년 만에 다시 찾은 오아후는 가족과 함께라 또 더욱 특별하게 느껴졌다.

# 디즈니 세상 in 오아후

우리 가족이 하와이와 사랑에 빠진 수없이 많은 이유 중 하나로 디즈니 아울라니를 꼽을 수 있다. 한비와의 첫 번째 하와이 여행에서는 초등학교에 입학하기 직전의 한비에게 디즈니 리조트를 선물해주고 싶어 방문했고. 다음번 하와이 여행에서 또 찾았고, 친구네 가족과 함께 찾기도 했다. 휴대폰 사진첩을 보면 꼬마 한비가 커가는 과정이 디즈니 아울라니를 배경으로 담겨 있을 정도다.

이곳은 아이들이 사랑하는 곳인 동시에 디즈니에 대한 추억이 하나씩 있는 엄마 아빠도 좋아할 수밖에 없는 공간이다. 여담이지만, 하와이 여행을 준비하기 1년 전쯤 한국 디즈니 본사로부터 내가 운영하는 비마이매직과 캘러버레이션을 하자는 제안을 받았다. 정성스러운 작업을 거듭한 끝에 디즈니와 함께 미키 도시락통과 포크 등 다양한 제품을 실리콘으로 만들었다. 그렇지 않아도 어릴 때부터 디즈니를 좋아하며 자란 나인데, 제품을 함께 만들며 디즈니 사랑에 단단히 빠졌더랬다. 여행을 준비하며 내가 만든 미키 실리콘 용기와 포크를 살뜰히 챙겼다. 디즈니 아울라니에 가서 내가 만든 제품을 사진으로 소중히 남기고 싶었던 것이다.

는 두 눈에 눈물이 잔뜩 고인 채 앉아 있었다. 그 모습을 본 미니가 한비에게 다가오더니 한비 눈높이에 맞춰 앉아 울지 말라며 다정하게 다독여주었다. 이걸로 됐다. 미키는 바쁘지만 미니는 다정하다!

한비는 디즈니 아울라니 앞 인공 라군에서 첫 바다수영과 부기 보드를 경험했다. 이곳은 파도가 없고 수심이 얕아 어린아이가 놀기에 와이키키보다 훨씬 좋다. 바다의 파도도 리조트도 한비에겐 이보다 더 완벽할 수 없었다. 디즈니 아울라니에 투숙하지 않더라도 라군은 둘러볼 수 있으니 하와이 여행 중 꼭 들러보길 바란다. 오아후 속 디즈니 세상을 경험하게 된다면 반드시 하와이에 다시 가야 할 이유가 생길 것이다.

# 한비 아빠가 알려주는
# 디즈니 아울라니 제대로 즐기기

DVC는 'Disney Vacation Club'의 약자로 전 세계 디즈니 시설을 즐길 수 있는 일종의 멤버십이에요. 디즈니 아울라니에는 놀거리가 너무 많아서 잠자는 시간을 제외하고는 방에 있을 시간이 없을 정도예요. 이곳에서 투숙할 때만큼은 외부 일정 없이 온전히 이곳 시설을 즐기기를 바라요.

## 미리 예약하자

우리 가족의 첫 디즈니 아울라니는 DVC가 아닌 호텔이었어요. DVC는 인기가 많아 6개월 전이라도 예약하기 힘들 수 있어요. DVC KOREA를 통해서 예약하면 보다 쉽겠지만 조금이라도 비용을 아끼고 싶다면 DVC 공식 홈페이지를 이용해보세요.
disneyvacationclub.disney.go.com

## 조식 시간에는 미키와 찰칵

미키와 사진을 찍고 싶다면 조식을 예약하면 돼요. 조식 시간에 정식으로 미키와의 포토 타임이 주어져요. 식사 중에 디즈니 캐릭터들이 찾아와 아이들과 인사를 나누고 기차놀이도 함께하니 꼭 이용해보세요. 단 인기가 많아서 체크인을 하면서 바로 예약해야 해요.

## 음식 알레르기가 있다면

아이 혹은 일행에게 음식 알레르기가 있다면 걱정 말고 스태프에게 이야기하세요. 쉐프가 직접 와서 음식에 대해 친절히 설명해준답니다.

## 스케줄을 미리 확인하자

아이들을 위한 다양한 키즈 프로그램이 있어요. 영어로 진행되지만 아이들이
참여하기에 충분해요. 매일 저녁 6시 경 인포메이션 센터에 비치되는
스케줄표를 보고 다음 날 아침에 등록하면 돼요.

## 무료 혜택을 즐기자

인공 라군에서는 아이들을 위해 모래놀이 용품과 부기보드를 무료로
대여해줘요. 또한 신메뉴가 출시되면 다양한 이벤트가 열려 시식도 즐길 수
있어요.

## 핀 트레이딩

디즈니에서 산 핀을 서로 교환하는 이벤트로 아이들이 무척 좋아해요. 전
세계 디즈니 파크나 리조트에서 판매하는 이 핀은 지역마다 한정판이 있어요.
꼭 지켜야 할 트레이딩 규칙은 바로 1대 1 교환! 직원들과도 핀 트레이드가
가능한데 직원들은 희귀한 핀을 많이 가지고 있답니다. 한비는 핀 트레이딩을
통해 처음으로 영화 회화에 도전했어요. 핀 트레이드 플리즈!

## 디즈니 스토어

다양한 디즈니 굿즈들을 판매하는 디즈니 스토어에서 아이들 선물을 구매했어요.
퀄리티도 좋고 사고 싶은 물건이 굉장히 많으니 마음 단단히 먹고 가야 해요.
심지어 미키 모양 감자칩을 파는데 어떻게 사지 않을 수가 있나요.

## 수영장 & 비치 100퍼센트 즐기기

출국 시간까지 여유가 있다면 체크아웃 후 짐을 맡기고 수영장 및 비치를 최대한
즐기세요. 그러한 여행객을 위한 샤워실도 구비되어 있어요. 마지막 날 짐 쌀 때
다음 날 체크아웃 후 필요한 짐을 최소화하여 따로 짐을 싸두었더니 굉장히 편했던
기억이 납니다.

Travel Recipe.

# 한비 아빠가 알려주는
# 여행 영어

우리말과 마찬가지로, 영어 역시 상대방의 말을 잘 들어야 잘 말할 수 있어요.
여행을 떠나기 전부터 쇼핑을 할 때나 식당에서나 현지인 직원이 자주
사용하는 말을 아이와 함께 알아두면 많은 도움이 될 거예요.

### 직원이 쓰는 말 1. How would you like~?

(예시) How would you like your eggs(달걀을 어떻게 조리해드릴까요)?
　　　How would you like your steak(스테이크는 어떻게 해드릴까요)?

### 직원이 쓰는 말 2. Would you like~?

(예시) Would you like a refill(더 드릴까요)?
　　　Would you like red or white(빨강이나 하양은 어떠신가요)?

### 우리가 직원에게 하는 말 1. 무언가가 필요할 때: Can I get/try/have~?

(예시) Can I get a to-go box(포장해갈 수 있나요)?
　　　Can I get a tap beer(생맥주 한 잔 주시겠어요)?
　　　Can I get the sauce on the side(소스를 따로 주실 수 있나요)?
　　　Can I try this on(이거 입어봐도 될까요)?
　　　Can I have the check(계산서를 받을 수 있을까요)?

**우리가 직원에게 하는 말 2. 무언가를 부탁하거나 요구할 때: Can/Could you~?**

(예시) Can you take a picture of us(사진 좀 찍어주시겠어요)?

Can you give me a discount(할인해주실 수 있나요)?

Could you take this(이것 좀 치워주실래요)?

Could you get a fork(포크 좀 갖다주실래요)?

Could you get some ice(얼음이 있을까요)?

**우리가 직원에게 하는 말 3. 찾는 물건이 있을 때: Do you have~?**

(예시) Do you have a kids menu(키즈 메뉴가 있나요)?

Do you have a table for three(세 명인데 자리 있나요)?

Do you have a napkin(냅킨 있을까요)?

Do you have any recommendations(추천해주실 만한 것이 있나요)?

Do you have this in stock(이 제품 재고 있어요)?

Do you have this in small(스몰 사이즈 있나요)?

**우리가 직원에게 하는 말 4. I wil~**

(예시) I will take it(이걸로 할게요).

I will have the same(저도 같은 걸로 주세요).

**그 밖에 자주 쓰는 말**

(예시) Is this on sale(지금 세일 중인가요)?

I'm just looking around(그냥 둘러볼게요).

# 파인애플의 여왕

바다거북을 보기 위해 오아후 북쪽에 위치한 라니아케아 비치에 가기로 했다. 마우이에서 카약을 타며 바다거북을 보긴 했지만 서로 인사를 나누진 못했으니까. 라니아케아 비치는 '터틀 비치'라고 불릴 정도로 거북이 많은 곳이다. 거북을 바로 코앞에서 볼 수 있다는 남편의 말에 한비는 이미 한껏 들떠 있었다. 화창한 날씨 덕분인지 노스쇼어로 향하는 도로에는 차들이 제법 많았다. 99번 도로로 접어들며 우리는 돌 플렌테이션에서 잠깐 쉬어가기로 했다. 돌 플렌테이션은 '파인애플의 왕'이라고 불리는 제임스 돌이 1990년대에 만든 파인애플 농장이다.

7년 전 만삭 때 먹었던 파인애플 아이스크림 맛이 떠올라 한비와 남편과도 꼭 함께 오고 싶었다. 마침 라니아케아 비치로 가는 길에 돌 플랜테이션이 있으니 딱이었다. 돌 플랜테이션 주차장에 도착하니 우리처럼 쉬어가려는 사람들이 많아서 넓은 주차장이 이미 꽉 차 있었다. 특히 아이와 함께 온 여행자가 많았다. 기네스북에 등재된 2.5킬로미터에 달하는 대형 파인애플 미로공원, 익스프레스 기차 투어, 가든 투어 프로그램 등이 있어 가족 단위 여행자들에게는

즐거운 장소인 듯했다. 하지만 우리 가족에게 필요한 건 오로지 파인애플 아이스크림!

하와이를 여행하며 파인애플이 듬뿍 들어간 하와이안 피자, 그리고 내가 너무 사랑하는 그릴에 구운 파인애플이 들어가는 하와이안 버거까지 섭렵했다. 이제 남은 건 파인애플 아이스크림뿐. 파인애플 아이스크림 컵 두 개를 소중하게 들고 나와 야외 광장 벤치에 자리를 잡고 앉았다. 한입 먹고 난 뒤 한비의 표정을 보니 역시 오길 잘했다는 생각이 들었다. 뜨거운 하와이 태양 아래에서 맛보는 파인애플 아이스크림은 청량하고 상큼하고 우아하다. 돌 플랜테이션을 파인애플의 왕이 만들었다면, 이 아이스크림은 파인애플의 여왕쯤 되지 않을까. 정말 맛있다. 지금 떠올려도 입안에 침이 가득 고인다.

파인애플 아이스크림을 먹고 향한 라니아케아에서는 바다거북을 만나지 못했다. 거북은 햇볕이 쨍한 날보다는 흐린 날에 더 잘 볼 수 있다는 사실을 미처 몰랐다. 하와이의 맑은 날씨가 처음으로 무척이나 원망스러웠다. 아쉬운 마음을 달래며 다시 숙소로 돌아가는 길. 자꾸만 파인애플 아이스크림 맛이 생각났다. 이후 돌 플랜테이션은 오아후 북쪽으로 갈 일이 있을 때면 꼭 들르는 우리 가족의 필수 코스가 되었다.

# 와이키키에선 서핑을

"우리도 서핑을 해볼까?"

"음, 그럴까? 어디서 해?"

"와이키키. 저기 봐. 사람들 지금도 하고 있잖아."

"한비는 어때? 같이 서핑 해볼래?"

"좋아."

하와이 하면 파란 파도를 시원하게 가르는 서퍼의 이미지가 떠오르곤 한다. 또 하와이 여행을 다녀왔다고 하면 사람들은 기다렸다는 듯 서핑을 해보았는지 묻는다. 하지만 여행자가 현지에서 서핑을 즐기기란 쉽지 않다. 특히나 가족 여행이라면 부모가 하고 싶어도 아이가 거부할 수 있고, 여행 일정이 짧아 반나절 이상 소요되는 서핑은 제외되기 마련이다.

우리 가족은 새로운 체험을 즐기는 편이고 특히나 우리 딸 비는 자타가 인정하는 돌고래이기 때문에 바다에서 못 할 일은 없다. 아쿠아슈즈, 서핑수트, 서핑보드가 제공되니 우리가 준비할 건 할 수 있다는 마음뿐.

서핑은 와이키키 해변 동쪽 아쿠아리움 근처에서 진행되었다.

스트레칭으로 몸을 풀고, 바다로 나가는 패들링부터 푸시 업, 스탠드 업, 넘어지는 요령까지 배웠다. 보드 위에선 크게 어렵지 않으니 바다에 나가서도 왠지 잘할 것만 같은 기분이 들었다. 어서 빨리 보드를 들고 바다로 나가고 싶었다.

드디어 패들링을 해서 바다로 나갔다. 좋은 파도가 오면 강사분이 보드를 파도의 리듬에 맞춰 밀어주었다. 그저 배운 대로 일어나기만 하면 되는 것이다. 몇 번 하다 보니 서핑 신동인지 금세 자심감이 생겼다. 바로 파도를 탈 수 있을 것만 같았다. 하지만 사고는 늘 그렇게 자신만만했던 순간에 일어나는 법. 보드 위에서 넘어질 때 절대 무릎으로 떨어지면 안 된다고 했는데 방심한 탓에 무릎으로 넘어져 산호에 제대로 부딪혔다.

좀 아프네, 싶었지만 서핑의 재미에 빠져버렸다. 파도에 몸을 싣고 멋지게 보드 위에 올라타서 중심을 잡고 서 있었다. 그런데 내 모습을 보던 한비가 깜짝 놀라는 표정이다.

"엄마, 괜찮아? 안 아파?"

놀란 한비를 달래고서 물밖으로 나와 보니 수트는 찢어져 있고, 그 사이로 피가 철철 흐르는 게 아닌가. 하얀 무릎 뼈까지 드러난 모습을 보니 그제야 통증이 밀려왔다.

배운 대로 물속에 엉덩이로 빠졌어야 했는데. 조금이라도 더 젊었을 때 배웠더라면 몸이 훨씬 민첩하고 가볍게 반응했을 텐데. 한비야, 엄마가 너 낳고 난 뒤로 몸이 예전 같지 않아.

블랙 락 비치에서 스노클링을 하다가 피를 흘리며 나오던 남편 모습이 떠올랐다. 모험심 강한 부부가 하와이에 와서 고생이 많다. 하하. 그래도 즐거운 걸 어찌하나. 와이키키의 수심은 얕아서 바닷속 산호에 부딪히기 십상이라는 점. 서핑하기 전 꼭 기억해두자.

## 한비네 팁

와이키키 근처에는 서핑을 가르쳐주는 업체들이 많은데 그중 한인 업체를 이용하는 게 좋아요. 무엇보다 안전이 중요한 수상 스포츠이니까, 한국인 강사가 우리말로 알려줘야 내용을 잘 이해할 수 있죠. 또 한인 업체는 수강 기록을 남겨두기 때문에 다음 예약 시 할인 혜택도 받을 수 있어요.

# 보너스! 오아후 여행

디즈니 아울라니에서의 마지막 날. 도저히 이대로 한국에 돌아가고 싶지 않았다. 결혼 10주년 기념으로 온 이곳. 우리 가족이 과연 하와이에 다시 올 수 있을까 하는 마음, 하루라도 하와이에 더 머물고 싶은 마음뿐이었다. 조심스레 남편에게 귀국 일자를 늦추자고 제안했다. 남편은 스케줄을 한참 동안 이리저리 체크해보더니 무리이긴 해도 가능할 것 같다며 외쳤다. 콜! 하하하, 즉흥적인 여자에게 이렇게 조금씩 스며드는구나!

남편은 기다렸다는 듯 재빨리 움직였다. 휴가 일정을 과감하게 연장했고 항공권 변경은 한국의 내 남동생에게 부탁하고 바로 와이키키 메리어트 리조트 6박을 예약해버렸다. 휴, 살 것 같다. 엿새 더 하와이에 있는다고 해서 우리 가족 앞날에 큰일이 생기진 않으니까. 히히. 덕분에 하와이 여행은 다시 시작되었다. 마치 보너스처럼! 무엇을 할까 고민하다 오아후 서쪽 72번 해안도로를 드라이브하는 것으로 보너스 일정을 시작했다. 와이키키 시내와 디즈니 아울라니에 머무느라 드라이브를 통 하지 못했던 것이다.

72번 도로를 따라가다 보면 마카푸우 비치, 와이마날로 비치,

벨로우즈 비치, 카일루아 비치, 라니카이 비치 등 아름다운 곳이 정말 많은데 그중 이터널 비치가 단연 최고다. '할로나 비치 코브'라고도 불리는 이터널 비치는 72번 국도 드라이브 때 찜해두고 다음 날 물놀이 준비를 해서 다시 찾아갔다. 절벽 같은 바위로 둘러싸인 작은 비치에는 비키니 자태를 뽐내는 여행자부터 가족 단위 여행자까지 다양한 연령대의 사람들이 있었다. 나중에 알고 보니 이곳은 〈지상에서 영원으로〉, 〈첫 키스만 50번째〉 같은 영화의 촬영지였다. 모래사장이 넓지 않고 파도가 매우 높은 편이지만 와이키키 해변과는 완전히 다른, 하와이 자연이 만든 진짜 비치 같은 곳이다. 파도가 만든 작은 절벽 위에서 바라만 봐도 아름답지만 돌담길을 구비구비 내려가서 만나는 비치가 특히나 아름답다.

보너스 여행 중 평소보다 잔뜩 흐리던 날 라니아케아에 다시 찾아갔다. 역시나 바다거북은 흐린 날을 사랑하는지 해안에 바다거북이 가득했다. 바다거북을 보러 백사장으로 가면 어디에선가 자원봉사자들이 나타나 바다거북 주위로 빨간 라인을 설치한다. 거북을 보지 못하게 막는 행동이 아니라 거북을 안전하게 지키면서 모두가 거북을 잘 볼 수 있도록 돕는 것이다. 자원봉사자는 한비에게 바다거북 색칠놀이와 책도 선물해주었다. 자연과 인간의 접점을 찾아 안전하고 깨끗하게 지키려는 사람들의 노력이 하와이를 지상 낙원으로 만드는 것이 아닌가 생각해보게 되었다.

# 한비네가 추천하는
# 오아후 비치

### 푸푸케아 비치 Pupukea Beach

오아후에서 야생 거북을 보고 싶다면 푸푸케아 비치를 추천해요. 한비네가
바다거북을 처음 만난 곳이기도 해요. 첫 번째 시도에선 햇살이 너무 쨍해서
실패했죠. 그래도 거북이 숨을 쉬려고 수면 위로 고개를 내미는 모습을 보며
만족했답니다. 두 번째 시도 땐 거북 여러 마리를 한번에 만났어요. 흐린 날
가는 것이 팁이에요.

### 샥스 코브 Shark's cove

샥스 코브는 스노클링 스폿이지만 돌과 암초가 많아 영유아가 있다면
패스해도 좋아요. 물을 무서워하지 않는 초등학생 이상 어린이라면 추천해요.
가는 길에 있는 돌 플랜테이션에서 아이스크림과 파인애플 먹방은 필수!
오가는 길이 막히기 때문에 아침 일찍 출발하는 것이 좋아요.

### 와이마날로 비치 Waimanalo Beach

한비가 부기보드를 신나게 즐긴 곳으로 초등학생 아이에게 추천해요. 파도가
세지 않아 부기보드로 놀기에 그만이죠. 카일루아 비치로 가는 길에 위치해
비교적 덜 붐비는 것도 장점이에요. 다만 그늘이 거의 없기 때문에 파라솔과
먹거리를 챙겨 피크닉 준비를 해가는 게 좋아요.

### 코올리나 비치 파크 Ko'Olina Beach Park

디즈니 아울라니 예약에 실패했다면 대안으로 추천해요. 비치와 주차장이
가까운 게 장점이에요. 오후 3시쯤 도착해서 놀다가 아름다운 석양까지 보면

아이에게도 어른에게도 완벽한 하루를 만들 수 있어요. 인공으로 조성한 만이라 파도가 잔잔해서 영유아가 물놀이와 모래놀이를 즐기기에 좋아요. 4개의 인공 라군을 산책하는 것도 추천해요.

## 파라다이스 코브 퍼블릭 비치 Paradise Cove Beach

한비네가 유일하게 몽크씰을 만났던 곳이에요. 거북도 거의 상주하고요. 모래가 많아서 물속은 뿌옇지만 수심이 낮아서 아이들이 놀기에 좋아요. 디즈니 아울라니에 투숙 중이라면 도보로 갈 수 있답니다. 주변에 화장실이 없어 씻을 수 없는 것이 단점이에요.

# 맘에 쏙 드는 호텔

트럼프 인터내셔널 호텔에 도착하기 전, 남편은 호텔 쪽에 미리 메일을 보냈다.

"결혼기념일에 맞춰 아내, 딸과 함께 트럼프 호텔에 묵을 예정입니다. 잘 부탁드립니다."

결혼 10주년 기념으로 하와이를 여행하고 또 1년 만이었으니 결혼 11주년 기념일을 앞둔 시점이었다. 그런데 이 짧은 메일 한 장의 효과는 예상을 뛰어넘어 기분 좋은 결과를 가져왔다. 호텔 측이 결혼기념일을 축하한다며 뷰가 가장 좋은 고층의 스위트룸으로 업그레이드를 해준 것이다. 방에 들어가자마자 우아, 우아, 소리를 질렀다. 와이키키 비치 뷰는 물론 대리석 아일랜드가 있는 넓은 주방, 오븐, 세탁기 등 편의시설과 새하얀 베딩 위에 놓인 결혼기념일 축하 카드와 샴페인 선물, 그리고 아이용 샤워가운과 돌고래 인형까지. 아마도 업그레이드를 받은 기쁨 때문에 이 모든 것이 다 완벽하게 보였는지도 모른다.

마음에 쏙 드는 호텔 방을 나와서 우리 가족은 역시나 수영장부터 찾았다. 트럼프 호텔 수영장은 다른 호텔과 비교하면 아이들이 놀기에 작은 편. 하지만 온수풀이 있고 이용객이 적어 매우 한적하게 즐기기 좋은 곳이다. 곳곳에 드넓은 천연 수영장인 바다가 펼쳐진 하와이니까, 숙소의 수영장 크기는 그리 중요하지 않다.

다음 날 아침, 남편이 나와 한비를 깨웠다. 놀랍게도 발코니 바로 앞으로 엄청나게 큰 쌍무지개가 들어와 있었다. 하와이에서 무지개를 보는 일이 흔하다고는 하지만 숙소 안까지 들어온 쌍무지개를 보는 건 분명 특별한 일일 것이다. 우리 가족의 하와이 여행을 응원하고 축복하는 듯한 쌍무지개 덕분에 기분 좋게 하루를 시작했다.

머물던 며칠 동안 다양한 식재료를 사와서 신나게 요리했다.

시간이 지나고 보니, 내가 만약 그때 골프에 정신이 반쯤 나가 있던 상태로 카팔루아 빌라스를 만났다면 정말 황홀경에 빠져 있지 않았을까 싶다. 현관문을 열고 나가면 10번째 홀쯤 되는 페어웨이가 바로 보이는 곳이었으니 말이다. 이곳에서 지내는 동안 크나큰 골프장을 드라이브하며 맘껏 즐겼고, 프로숍을 방문해 굿즈도 구입했다.

또한 빌라 내에 있는 바비큐 시설도 이용했다. 작은 수영장이 딸려 있는 바비큐 시설장의 이용객은 우리뿐이었다. 아이들은 해가 질 때까지 물속에서 나오질 않았고, 어른들은 이런저런 이야기를 나누며 아이들이 뛰노는 모습을 바라보고. 게다가 바비큐까지! 이런 게 행복이지 싶은 순간들이었다.

다음 날은 카팔루아 빌라스 근처에 있는 리츠칼튼에 가서 호텔을 구경할 겸 점심을 사 먹고 근처 비치에서 한참 동안 시간을 보냈다. 온통 내가 좋아하는 것들로만 가득한 이런 여행이 진정으로 내가 사랑하는 여행이다.

골프에 관심이 많은 독자분이 이 책을 읽고 계시다면, 그리고 마우이 여행의 숙소를 고민 중이라면 진짜 추천하고 싶은 곳이다. 내가 지금 이 순간 가장 가고 싶은 곳이 바로 카팔루아 빌라스이니까.

# 한비 아빠가 알려주는
# 호텔 업그레이드 노하우

본래 묵기로 한 숙소보다 나은 곳으로 업그레이드 서비스를 받는 것만큼 기분 좋은 일도 없죠. 그렇다고 밑도 끝도 없이 다짜고짜 업그레이드를 요청하기보다는, 여행 중 느낀 점이라든지, 다른 호텔에 묵었을 때의 감상 등 이런저런 이야기를 나누어 보세요. 스몰토크를 좋아하는 현지 직원들과 자연스럽게 가까워지는 거죠. 그러다 보면 직원이 서프라이즈 선물처럼 룸 업그레이드를 해주곤 했어요. 모든 경우에 적용되지는 않겠지만 우리 가족의 업그레이드 팁을 살짝 공개해요.

## 공식 홈페이지에서 예약

아고다, 트립어드바이저 등 숙소 예약 대행 사이트가 많지만 호텔 혹은 리조트의 공식 홈페이지에서 예약하고 결제하는 방법을 추천해요. 가격이 조금 비쌀 수 있지만 대행 사이트를 거치지 않기 때문에 환불을 받거나 업그레이드 서비스를 받기에 용이하답니다.

## 가장 저렴한 방보다 한 단계 위 타입으로

가장 저렴한 방보다 한 단계 상위 타입의 방을 선택하세요. 가격이 저렴해서 예약한 게 아니라 여행의 목적과 취향에 맞아서 그 방을 선택했다는 점을 호텔 측에 어필할 수 있기 때문이죠. 숙소 측에서 '이 고객은 다음에 또 올 만한 분이다'라고 생각해서 좋은 서비스를 제공하는 경우가 많아요. 스위트 등 몇 단계 높은 방으로까지 업그레이드될 확률이 높답니다.

## 생일이나 기념일 정보를 미리 전하자

트럼프 호텔 측에 미리 메일을 보내 스위트룸으로 업그레이드를 받은 것처럼, 하얏트 센트릭 와이키키에도 기념일을 미리 알려 스위트룸으로 업그레이드를 받았어요. 호텔이나 리조트는 투숙객의 기념일을 알게 된 이상 그냥 지나치지 않아요. 축하 카드와 샴페인, 과일, 특별 선물을 준비해주거나 체크인 시 업그레이드를 해주기도 하죠. 여행 중 가족의 생일이 끼어 있거나 중요한 기념일이 있다면 그 정보를 호텔과 공유해보세요.

## 꼼꼼하게 확인하고 야무지게 따져야 할 때도 있는 법

마우이의 카팔루아 빌라스에 머물 때에는 에어컨 작동이 되지 않아 바로 컴플레인을 했어요. 그러자 호텔 측은 비치 뷰 룸으로 업그레이드를 해주겠다고 했죠. 곧바로 제안 받은 룸 시설을 확인했지만 그다지 낫지 않더라고요. 다른 객실로 옮기는 대신 청소비를 감면 받기로 했어요. 뭔가 부당한 일을 겪었다면 차분하게 상황을 파악해서 조금이라도 유리한 방향으로 의견을 조율해보세요.

## 여행에서 느낀 점, 숙소에서의 경험을 이야기하자

하와이에는 다양한 브랜드 호텔과 리조트가 있어요. 특히 호텔은 자기 브랜드에 대한 자부심이 강하고, 다른 프랜차이즈 호텔과 보이지 않는 라이벌 의식도 있는데요. 이 점을 이용하여, 체크인을 할 때 '직전에 어느 호텔에 묵었는데 이런 점이 아쉽더라. 반면 너희 호텔은 정말 기대돼!' 하는 식으로 이야기해보세요. 투숙한 경험이 있는 숙소에 다시 찾았다면 '전에 묵었을 때에는 이런 점이 아쉬웠다' 등으로 이야기하면 보다 섬세한 서비스를 받게 될 거예요.

안다즈 마우이에 묵었을 때에는 3년 전에 비해 화장실 및 룸 청소 상태가 너무 나빴어요. 체크인을 하자마자 이야기했더니, 담당자가 사과하면서 작은 선물과 함께 수영장 및 오션 뷰로 업그레이드를 해줬어요. 모아나 서프라이더에 체크인을 할 때에는 오는 길에 차가 막혀 너무 피곤했고 편안한 방이었으면 좋겠다고 말했죠. 그랬더니 삼면 비치 뷰인 방으로 업그레이드를 받았어요. 샴페인과 과일 케이크까지 받았고요.

갑자기 일정을 연장했다가 묵게 된 메리어트에서는 하와이가 너무 좋아 더 머물기로 결정했다고 말했더니, 다이아몬드 헤드가 바로 보이는 탑 층 방으로 업그레이드를 받았죠.

## 웃으면서 말하자

하와이는 전 세계인이 사랑하는 휴양지라서 기본적으로 여행자에 대한 응대 서비스가 매우 좋아요. 그런데 직업적인 서비스를 떠나 웃으면서 이야기하는 사람에게는 작은 것 하나라도 더 주고 싶어지는 게 사람 마음이죠. 우리가 만나게 될 호텔 직원들도 마찬가지예요. 분위기가 좋다면 "Is there complimentary thing you can do for me(혹시 서비스로 제공해주실 게 있나요)?"라고 활짝 웃으며 말해보세요.

# 한비네 하와이 여행 숙소

### 첫 번째 하와이 마우이 - 오아후 - 오아후(일정 연장)

**숙소:** 웨스틴 마우이 리조트 3박 - 안다즈 마우이 3박 - 모아나
서프라이더(upgrade) 3박 - 디즈니 아울라니 5박 - 와이키키 비치
메리어트(upgrade) 6박

**memo:** 하와이는 결혼 10주년 기념 여행으로 온 거라 처음이자
마지막이라고 생각.

### 두 번째 하와이(둥이네, 소민이네와 함께) 오아후

**숙소:** 디즈니 아울라니(DVC) 4박 - 트럼프 인터내셔널 호텔
와이키키(upgrade) 4박 - 아웃리거 리프 와이키키 비치 리조트 5박

**memo:** 디즈니 아울라니에 반해서 한 번 더! 하와이 본격 탐구, 72번 국도,
할로나 비치 코브, 차이나월 등 멋진 풍경과 분위기가 자꾸 생각남.

### 세 번째 하와이(다윤이네와 함께) 빅아일랜드 - 마우이 - 오아후

**숙소:** 오션타워 바이 힐튼 그랜드 베케이션 4박 - 킹스랜드 바이 힐튼
그랜드 베케이션 2박 - 카팔루아 빌라스 마우이(upgrade) 3박 - 안다즈
마우이(upgrade) 2박 - 하얏트 센트릭 와이키키 비치(upgrade) 1박

**memo:** 하와이 다른 지역도 가보고 싶어짐. 마우이에도 다시 가서 못 했던
것을 하고 싶음.

### 네 번째 하와이 빅아일랜드 - 오아후

**숙소:** 쉐라톤 코나 4박 - 페어몬트 오키드(프라이빗 비치 good) 5박 - 더
레이로우 오토그래프 컬렉션 3박

**memo:** 빅섬과 사랑에 빠져 한 번 더! 빅섬의 커피 농장과 수려한
자연경관이 너무나 그리움.

Travel Recipe.

# 한비네 하와이 여행 팁

하와이 여행을 다섯 번 하고 나니 어떻게 준비하고 계획을 세워야 할지
기준이 명확해졌어요. 지인들에게서나, 혹은 인스타그램 DM으로 "하와이
여행을 하려고 하는데, 일정을 어떻게 짜야 하죠?" 하는 질문을 받을 때마다
적절하게 도움을 줄 수 있을 만큼 말이죠. 처음부터 완벽한 일정을 짜느라
힘을 뺄 필요는 없어요. 큰 계획을 세워두고 나머지는 여행지에서 결정해도
충분하니까요. 그게 하와이 여행의 매력이기도 하고요.

## 일주일 일정이라면 오아후에만

첫 하와이 여행이고 일주일 정도의 일정이라면 오하우에만 집중하는 게
좋아요. 이웃섬까지 둘러보기에 일주일은 정말 짧고, 특히 미취학 아동이
있는 경우 짧은 일정 중 섬 간 이동은 힘들 거든요. 오아후만 해도 보고,
경험하고, 먹어봐야 할 것이 너무 많으니 일주일을 오아후에서 꽉 채워
알차게 보내는 것을 추천해요.

## 이웃섬 여행 후 오아후로

일정이 10일 이상이라면 이웃섬 한 곳 정도 더 둘러보는 것을 추천해요.
오아후 여행 기간을 일주일 정도로 잡고 3일 정도는 이웃섬에 가는 거죠.
어느 이웃섬으로 갈지 결정했다면 하와이 호놀룰루 공항에 도착하자마자
이웃섬으로 이동하는 일정이 좋아요. 오아후에서 인, 아웃을 해야 하기
때문에 여행 중후반부에 이웃섬으로 이동하기보다는 초반에 주요 이동을
마치고, 남은 일정은 오아후에서 편안하게 보내기를 추천해요.

## 일정을 정했다면 항공권부터

코로나 팬데믹을 거치며 호놀룰루행 항공권 가격이 예전보다 많이 올랐어요.
부지런히 항공권 정보를 살피고 조금이라도 미리 발권하는 것이 좋아요. 인천

- 호놀룰루행 왕복 항공권을 가장 먼저 발권하고, 일정에 따라 하와이 내 이동 항공권을 발권하면 돼요. 호놀룰루에 도착하자마자 이웃섬으로 이동한다면 넉넉 잡아 3시간 정도는 여유가 필요해요. 전 세계에서 온 여행자로 붐비기 때문에 도착 후 활주로에서 대기하거나 입국 수속이 길어지는 경우가 많거든요.

## 한 숙소에서 기본 3박

한 호텔에서 3박 정도 머무는 것을 추천해요. 체크인, 체크아웃, 이동까지 고려하면 숙소를 바꿀 때마다 반나절 정도 걸려요. 공항에서 숙소까지, 또 숙소에서 다음 숙소까지의 이동 거리와 소요 시간은 생각보다 길죠. 오아후는 와이키키. 빅아일랜드는 카일루아 코나, 와이콜로아, 힐로. 마우이는 와일레아, 키헤이, 라하이나, 카아나팔리에 숙소가 많아요.

## 이웃섬은 전 일정 렌터카 추천, 오아후는 부분 렌트도 OK

하와이 여행에서 렌터카는 필수예요. 이웃섬 여행이라면 공항에서부터 전 일정 동안 렌터카를 이용하길 바라요. 하와이에서 세 번째로 큰 오아후만 해도 서울의 3배 정도 크기인데요. 오아후에서 와이키키를 중심으로 한 남부에만 머문다면 렌터카가 반드시 필요하진 않아요. 와이키키 내에서는 도보로 이동하고, 와이키키 - 알라모아나 이동은 버스로도 가능하거든요. 하지만 노스 쇼어가 있는 북부를 둘러보거나 바닷가를 따라 동쪽 72번 드라이브를 즐기고 싶다면 일정에 맞춰 부분 렌트를 하는 것도 좋은 방법이랍니다. 72번 드라이브는 오아후 여행의 꽃과 같아요. 하루만이라도 렌트를 해서 꼭 드라이브를 즐겨보길 바라요.

# 우리 가족만의 여행법

　남들과 다른, 우리 가족만의 여행 스타일 중 특별한 점은 무엇일까. 그건 아마도 느긋한 아침 풍경이지 않을까. 우리 가족은 일단 '늦게' 일어난다. 물론 조식이 포함된 여행에서는 예외이지만.

　하루하루가 아쉬운 하와이에서 늦잠이라니 이상하게 들릴 수도 있을 것이다. 그런데 우리 가족은 그날 있던 일에 대해 끝없이 수다를 떨고. 내일은 또 어떤 하와이를 만나게 될까, 하고 설렘을 나누느라 길고 깊은 밤을 보낸다.

　평상시엔 늘 같은 시각, 이른 잠자리에 드는 한비에게도 여행지에선 늦잠이 허용된다. 한비 역시 엄마 아빠처럼 즐겨야 하니까. 가족 중 제일 먼저 일어나는 남편은 우리 모녀의 달콤한 아침잠을 위해 조용히 산책을 다녀오거나 노이즈캔슬링 헤드폰을 끼고 영화를 즐긴다. 한비와 나는 정해진 시간 없이 눈이 떠지는 대로 아침을 맞이한다. 충분히 자고 일어나 아침밥을 양껏 먹는다.

　우리 가족은 여행 중 보통은 점심을 챙겨 먹지 않는다. 한참 해변에서 물놀이를 하다가 밥을 먹기 위해 짐을 챙기고 젖은 몸으로 이동하는 것은 생각만 해도 번거롭다. 게다가 점심시간의 하와이 식

당은 어디든지 붐빈다. 기다리고 기다리다 막상 순서가 되면 배고픔보다 피곤함이 밀려오기 때문에 점심을 식당에서 챙겨 먹지 않는 대신 간단하게 먹을 과일 등을 챙겨 다닌다.

어느 여행지냐에 따라 다르긴 하지만 상황에 따라 우리 가족만의 식사 패턴을 만들어가는 데 익숙해졌다. 조식이 포함된 여행지에서도 마찬가지다. 조금 일찍 일어나 조식을 천천히 아주 든든히 먹고 오후 5시쯤 이른 저녁을 먹는 게 여행지에서의 패턴이다.

하루 일정을 마치고 숙소로 들어가는 길엔 꼭 마트에 들른다. 과일이나 야채, 저녁과 곁들일 맥주나 와인, 그리고 다음 날을 위한 간단한 스낵을 사기 위해서다. 한비네 보냉 가방과 텀블러, 과일 보관용 실리콘볼, 휴대할 수 있는 작은 과도, 그리고 돗자리는 우리 가족의 여행 필수품! 전날 쇼핑한 스낵과 맥주 한 캔을 보냉 가방에 넣어 언제든 마음에 드는 장소에서 돗자리를 꺼내 펼치면 그곳이 천국이다. 이 정도만 갖추면 하와이의 신선한 과일을 언제 어디에서나 즐길 수 있다.

세끼를 모두 제대로 먹어야 한다는 생각을 내려놓았더니 하루가 더 길어지고 어느 한 곳을 가더라도 제대로 놀 수 있게 되었다. 다시 말해, 아침 겸 점심은 배불리 챙겨 먹고 저녁은 조금 일찍 먹는 게 우리 가족만의 비법. 한비도 어릴 때부터 함께 다니며 엄마 아빠의 여행법을 체득했다.

여행에는 정답이 없다. 누군가의 여행법을 그대로 따를 필요도 물론 없다. 나와 우리 가족에게 맞는 여행법을 찾기 위해 서로 이야기하며 맞춰가다 보면 어느새 가족만의 노하우가 생기지 않을까. 그렇게 여행은 한결 즐거워질 것이다.

# 하와이 마트 정복하기

## 코스트코

공항에 도착해 렌트를 한 다음 가장 먼저 찾는 곳은 코스트코예요. 조리
가능한 숙소에 묵지 않더라도 코스트코엔 꼭 가는데요, 그 이유는 바로
과일 킬러 한씨 부녀용 과일을 사기 위해서죠. 또 하와이의 밤을 책임질 내
사랑 맥주, 물안경이나 부기보드 등 필요한 물놀이 용품을 사기도 하고요.
우리나라에서 판매하지 않는 타이레놀이나 애드빌 피엠도 한 통씩 사곤 해요.
하와이의 코스트코는 한국 코스트코 카드로도 이용이 가능해요. 뭔가를 사지
않더라도 여행 기간이 길다면 이동 중 들릴 만하답니다. 한국에서 판매하지
않는 다양한 식재료와 향신료를 구경하는 재미가 쏠쏠하거든요.
아래는 품목별로 정리해본 코스트코 쇼핑 리스트예요. 여행 기간에 따라
다르겠지만, 한 섬에 열흘가량 머물며 조리가 가능한 숙소에 숙박한다면
참고해보세요. 큰맘 먹고 장을 봤는데 식재료가 너무 많이 남는다면 그것도
골칫덩이죠. 가족들의 양에 맞춰 계획적으로 장 보는 것이 가장 중요해요.
벌크 사이즈로 되어 있지 않은 소량의 식재료를 살 때에는 숙소 근처 상점을
이용하는 것도 좋은 방법이에요. 묵을 호텔 근처에 어떤 마트가 있는지
구글맵으로 미리 파악해두면 좋겠죠.

**과일:** 블루베리, 블랙베리, 라즈베리 등 맛과 영양 모두 뛰어난 베리류는 잔뜩
사 먹어요.
**달걀:** 프라이, 스크램블에그, 삶은 달걀, 프렌치토스트 등 다양하고 간단한
메뉴를 해 먹을 수 있어서 여행을 가면 꼭 구입하는 편이에요.
**김치:** 한국 여행자들이 많아서인지 방문하는 코스트코마다 김치를 판매하고
있었어요. 한식을 포기할 수 없다면 구매하길 추천해요.
**맥주:** 하와이에서는 주로 렌터카를 이용하기 때문에 호텔 간 이동 시에도
벌크 사이즈 맥주를 싣고 다닐 수 있죠. 다른 가족과 함께 여행하거나 여행
일정이 길다면 코스트코에서 저렴하게 맥주를 구입해두는 게 좋아요.

abc마트 같은 곳에서 소량으로 사는 것보다 훨씬 저렴하거든요. 하와이 맥주하면 BIG WAVE! 코스트코에서 사면 가격은 싸지만 양이 너무 많아 다 먹기전에 질릴 수도 있다는 게 단점이라면 단점이에요.

**소고기:** 여행 중 바비큐가 계획되어 있다면 코스트코에서 양질의 고기를 좋은가격에 구입해보세요.


## 한비네 팁

소고기를 고를 때에는 맛을 선택할 것인지, 건강을 선택할 것인지 고민해야 해요.
사람마다 기준은 다르겠지만 한비네는 주로 무항생제, 목초육(grass fed) 위주로
고르는 편이에요. 한비 이유식을 시작하기 전 우연히 보았던 〈Food, Inc.〉라는
다큐멘터리 한 편이 먹거리에 대한 생각을 완전히 바꿔준 계기가 되었어요.
성장촉진제를 맞으며 스트레스 받고 자란 육식동물은 아무리 맛있더라도 내 돈
주고 구입하지 말자고 다짐했죠.
소는 풀을 먹고 자라는 초식동물이에요. 그런데 인간에 의해 사육되면서부터
콩이나 옥수수 같은 곡물을 먹고 몸집이 커지게 되었어요. 쉽게 말해 소에게
곡물을 먹여 키운 이후부터 마블링이 잘 형성되고 성장 촉진이 빨라진 거예요.
곡물을 먹고 자란 소보다 풀을 먹고 자란 소가 자라는 기간이 훨씬 길 수밖에
없어요. 사료는 유전자 조작과도 관련되어 더 깊이 생각해볼 문제예요. 항생제나
성장호르몬에 노출되지 않은 소를 고르는 게 중요해요. 또한 목초를 먹이더라도
'방목'한 소가 아무래도 더 환경 친화적인 방법으로 사육된 소이기 때문에, 이
부분도 최대한 살펴 고르려고 해요. 돼지, 닭, 달걀, 우유, 치즈를 고를 때에도
마찬가지죠. 고기 선택은 늘 고민하는 문제이지만 외식을 해야 할 상황에서는 보다
유연하게 대처하려고 노력해요.

## abc마트

아마 호텔 주변에서 가장 많이 보이는 곳이 abc마트일 거예요. 맥주 종류가 많아 이것저것 구입해 마셔보기 좋은데요. 인상 깊을 만큼 맛있었던 맥주는 하와이에서만 맛볼 수 있는 IPA 종류의 맥주들, 특히 MAUI brewing co의 BIG SWELL IPA예요! 지금 이 글을 쓰면서도 너무 마시고 싶네요. 하와이 해변에 앉아서 말이에요.

## 숙소 근처 마트

주요 식재료는 코스트코에서 장을 보고 귀찮더라도 숙소 근처 마트에 소소한 장을 보러 한 번 더 다녀와요. 쪽파, 대파, 양파, 감자, 파프리카, 토마토, 고수, 라임, 아침 대용 빵, 병에든 할라피뇨 등을 장 보기엔 대량으로 판매하는 코스트코보다는 숙소 근처 마트가 좋거든요. 이동 시 간단히 먹을 간식도 숙소 근처 마트에서 소량으로 살 수 있어 좋아요. 여행 전 구글맵을 이용해 숙소 근처의 식재료 마트를 미리 검색해보세요.

## 홀푸드

홀푸드에서 장을 보거나 구경할 때는 주로 호텔에서 숙박하거나, 트럼프처럼 취사가 가능한 숙소에 머물 때였어요. 어떤 숙소에 머무느냐에 따라 그때그때 상황에 맞게 장을 보는데요. 홀푸드에서 장을 볼 때마다 이곳과 가까운 곳에 살고 싶다는 마음이 간절했어요. 너무 사랑하는 홀푸드! 홀푸드 마켓에 대한 이야기는 이어서 더 자세히 풀어볼게요.

# 내 사랑 홀푸드 마켓

어느 날 문득 맘에 드는 여행지를 발견하거나, 어디론가 훌쩍 떠나고픈 여행병이 도질 때면 구글맵을 연다. 맵에서 여행지의 호텔들을 쭉 살핀 다음 꼭 가보고 싶은 동네를 찜해둔다. 여행하면서 알게 된 한 가지 사실은 좋은 숙소가 있는 동네엔 뭔가 특별함이 있다는 것. 오아후 여행을 앞둔 시점에도 그렇게 찜해둔 곳이 있었으니 바로 카할라 호텔이었다. 미국 대통령이나 각국의 정상들이 오아후에 오면 꼭 머무는 곳이니 명성에 걸맞게 하루 숙박비도 어마어마한 곳.

투숙하기엔 너무 비싼 그곳에 꼭 가보고 싶다는 나를 위해 남편은 숙박 대신 카할라 호텔 내 이탈리안 레스토랑 아란치노를 예약했다. 여행 중 가보고 싶은 모든 호텔에 묵을 순 없다. 그러니 평소 가보고 싶던 호텔이나 리조트 내에 있는 레스토랑을 예약해 식사하고, 리조트 내부를 구경하며 즐기는 것도 재미난 추억이 된다.

우리는 예약 시간보다 조금 빨리 호텔에 가서 내부 이곳저곳을 구경했다. 카할라 호텔은 돌고래와 함께하는 돌핀퀘스트로 유명하기도 하다. 그래서 돌고래도 구경하고 인공 라군 쪽으로 걸어가 바다거북과 가오리도 만났다. 아란치노에서의 식사는 그저 그랬지만

궁금했던 호텔을 구경했으니 그걸로 충분히 만족스러웠다.

내가 카할라 호텔이 있는 동네를 좋아하는 이유는 바로 카할라 몰에 있는 홀푸드 마켓 때문. 이곳은 미국의 슈퍼마켓 체인점으로 유기농 식품을 전문적으로 판매한다. 오아후를 대표하는 부촌에 위치한 만큼 신선한 과일과 좋은 식재료들이 가득하다. 과일을 사랑하는 한씨 부녀와 식재료 쇼핑을 즐기는 나로선 천국과 같은 곳이다.

여행 중 한비가 먹을 고기와 달걀은 이곳에서 구입하려고 노력한다. 홀푸드 마켓은 까다로운 기준에 맞춰 육류를 들여오는 까닭이다. 소고기는 소가 자란 환경에 따라 다섯 단계로 등급이 매겨지고 달걀은 동물 복지 기준에 따라 방생 사육된 것들이다. 고기와 달걀만큼은 가장 친환경적인 것으로 구입한다.

한비도 엄마 아빠와 함께 쇼핑하며 장 보는 것을 좋아한다. 한비와 함께 장 볼 때에는 엄마가 식재료를 고를 때 신경 쓰는 부분들과 왜 이런 재료를 고르는지에 대해 이야기를 나눈다. 달걀은 왜 이걸로 골랐는지, 고기에는 뭐라고 적혀 있는지 자연스럽게 대화하며 장을 보는 거다. 이렇게 나눈 이야기들은 생각보다 아이에게 좋은 영향을 끼친다고 생각한다. 엄마가 해주는 집밥에 대해 긍정적인 기억을 갖게 하고, 건강한 먹거리에 대한 기준도 자연스레 갖게 해주는 까닭이다. 숙소로 돌아와 함께 고른 식재료로 한 끼 뚝딱 요리해 먹는 일은 정말 소중한 추억이 된다.

식재료에 대한 기준은 사람마다 다른 게 당연하다. 유기농 식품

만을 고집할 필요도 없고 말이다. 하지만 여행지의 다양한 마트에서 본인과 가족에게 맞는 식재료를 골라보는 경험은 분명 여행을 더욱 풍성하게 만들어줄 것이다.

---

**한비네 팁**

조식이 포함되지 않은 숙소에 묵을 때 아침 대용으로 좋은 가벼운 먹거리를 홀푸드에서 주로 사곤 해요.

시리얼: 한비 아기 때 직구해서 먹던 시리얼이 이곳에 다 모여 있어요. 한비도 자기가 먹던 것을 봐서 반가운지 신이 나서 직접 고르곤 해요.

우유: 우유는 시리얼에 적셔서만 먹는 한비를 위해 크지 않은 유기농 우유로 골라요.

과일: 신선한 제철 과일을 골라요. 과일은 아무리 많이 사다놓아도 한 번도 버린 적이 없어요.

요거트: 베리류들 올려 아침 대용으로 가볍게 먹을 수 있는 요거트는 꼭 구입하는 편이에요.

견과류: 남편이 좋아하는 견과류를 신선하게 덜어 구입할 수 있어요.

그 밖에 와인 안주로 좋은 햄, 올리브, 크래커 등도 홀푸드에서 구입한답니다.

# 하와이에서
# 요리 실력 좀 발휘해볼까

아이와 함께 여행할 때 역시 주방 딸린 숙소가 좋다. 마트에서 귀여운 미니 사이즈의 소스류를 사두고 그때그때 고기나 야채, 과일을 장 보면 언제든 상차림이 가능하니까. '모처럼 떠난 여행에서 또 부엌일을?' 하는 생각이 들 수도 있지만. 여행 동선과 아이 식성을 고려해 적당한 메뉴와 식당을 고르는 수고로움 역시 만만치 않다. 특히 하와이처럼 팁 문화가 있는 여행지에서는 음식 값에 팁까지 더해져 식비가 상상 이상으로 많이 들기 마련이다.

와이키키에서는 미리미리 예약해두지 않으면 가고 싶은 식당에 가는 것도 일이고, 빅아일랜드는 그 큰 섬에 식당이 많지 않아 맘에 드는 곳을 찾는 것 자체가 미션이다. 여행 기간이 길수록 가족의 컨디션을 잘 챙겨야 하는 것도 나의 몫. 그러니 조리 시설을 갖춘 숙소에 머물 때 하루 한 끼쯤은 간편하고 느긋하게 우리 가족 맞춤 식탁을 차리곤 한다. 적당한 식당을 찾지 못하더라도 숙소에서 편하게 식사할 수 있는 옵션이 있으니 얼마나 든든한가. 현지에서만 나는 식재료를 구입해서 아이와 함께 요리하며 특별한 추억을 만드는 것도 여행을 즐기는 방법이다.

하와이 숙소에서 만들어 먹기 좋은 메뉴로는 '파히타'를 추천한다. 파히타 요리 후 남은 재료로 볶음밥을 만들 수 있고, 소스만 사서 파스타를 요리할 수도 있다. 그러고도 재료가 남는다면 리소토로도 활용할 수 있고.

숙소에서 직접 요리해 먹는 타코는 여행 메이트가 많을 때 더욱 빛을 발한다. 빅아일랜드에서의 여행을 마치고 마우이에서 다윤이네와 다시 만난 여행처럼 말이다. 우리 가족은 다윤이네의 첫 하와이 여행 때에도 함께였는데, 두 번째로 함께하는 여행에서는 웨일러스 빌리지에서 만나 숙소인 카팔루아 빌라스 마우이로 함께 갔다. 첫날 저녁에 체크인을 하고서 그다음 날, 근처에 있는 리츠 칼튼 카팔루아 호텔과 DT플레이밍 공원을 산책하는 것으로 가볍게 일정을 시작했다.

한비와 다윤이는 공원과 해변에서 시간 가는 줄도 모르고 놀았다. 다윤이가 물구나무서기를 하자 한비도 열심히 연습해본다. 친구들과의 경쟁을 좋아하는 성향은 아니지만, 무언가 하고 싶은 것이 생기면 잘하게 될 때까지 노력하는 한비. 그리고 그런 한비에겐 옆에서 끝까지 도와주는 아빠가 있다.

파란 바다와 초록 공원을 배경으로 딸아이 둘이서 마음껏 뛰놀며 깔깔거리는 모습은 마치 꿈만 같았다. 오늘 같은 날 맛난 음식이 빠질 수는 없지.

"애들아, 오늘 저녁 메뉴는 파히타야!"

# 숙소에서 요리하기

## 조리 시설이 있는 숙소에 묵을 때 한국에서 챙겨가는 식재료

여행의 구성원에 따라 다르겠지만 아이와 함께하는 여행이라면 먹는 것에
대해 신경을 쓰지 않을 수가 없죠. 조식이 나오는 리조트나 호텔이라면
몰라도 요리해 먹어야 하는 곳이라면 더더욱이나 그렇고요. 하지만 스트레스
받지 마세요. 어떤 상황이든 충분히 즐기면 되니까요. 여행 횟수가 늘다 보니
'이런 건 챙겨 다니니까 참 좋다.' 싶은 식재료들이 자연스레 생겨서 공유해요.

**쌀:** 여행지에서 큰 용량의 쌀을 구입하기보다 우리나라에서 구입해가요.
보통은 씻어서 한 끼 분량씩 소분되어 있는 쌀을 가져가고 한살림에서 유기농
햇반을 구입해가기도 해요.
**소금, 후추, 오일:** 요즘은 캠핑을 즐기는 분들을 위해 작게 소포장되어
판매하는 제품이 많아요.
**김밥용김:** 여행 중 음식을 해 먹고 남은 식재료로 김밥을 만들면 딱이에요.
또 김밥용김을 잘라 반찬으로 활용할 수 있으니 챙겨 가면 좋아요. 김가루도
챙기기를 추천해요.
**맥주 안주로 먹을 수 있는 건어물:** 요즘 포장이 깔끔하게 잘 나오는
건어물들이 참 많아요. 여행을 가면 현지에서 건어물을 잘 팔지 않고
팔더라도 너무 비싼 건어물이 그렇게 먹고 싶어요. 그래서 여행 갈 때에는
소포장된 건어물을 챙겨가는 편이에요.
**대기업 식품 브랜드에서 나오는 레토르트 소스:** 오뚜기 실온 소스류(제육볶음
양념, 파채 양념, 겉절이 양념, 오징어 낙지 양념 등등)
**대기업 식품 브랜드에서 나오는 레토르트 국:** 풀무원 블록 황태미역국, 올가
한 그릇 북엇국, 올가 한 그릇 된장국. 개인적으로 풀무원 들깨 미역국을
사랑해요.

## 하와이에 반입할 수 없는 음식 품목

모든 고기 반입 불가(라면 수프 속에 들어간 고기 성분, 소고기 고추장, 아이 반찬으로 챙겨가는 소고기 장조림, 이유식에 들어간 소고기 등 모두 반입 불가).
유제품 반입 불가(유아용 우유는 영유아가 함께 비행기에 탑승하는 경우에만 가능).
가공되지 않은 야채 반입 불가.
견과류 및 카레 반입 불가.

## 주방이 있는 객실

다른 가족과 함께 여행하는 등 일행이 많을 때에는 조리가 가능한 주방 시설이 있는 콘도형 객실을 잡는 게 좋아요. 하루에 한 끼만 해 먹어도 식비를 줄일 수 있고, 밤마다 와인이나 맥주를 마시며 수다를 떨기에도 좋거든요. 같은 호텔에 묵는다면 커넥티드 룸을 이용하는 게 더 좋겠지요.

Travel Recipe.

# 한비네 여행 메뉴
# 파히타 레시피

다음 레시피는 한국에서 만들어 먹는 기준이에요. 여행지에선 없는 건 빼고 있는 대로 상황에 맞게 만들어 먹으면 돼요.

가장 처음 이 메뉴를 만들어 먹었던 여행지는 스페인이에요. 취사 가능한 호텔형 숙소에서 묵었는데 하루 일과를 마무리하던 길에 마트에 들러 장을 봐 들어가던 길이 아직도 생생해요. 피곤한 마음에 아무 생각 없이 이것저것 장바구니에 담아 숙소로 돌아왔어요. 배는 고프지만 어딜 가서 먹고 싶은 마음은 없고, 빨리 숙소로 돌아가 뭐라도 대충 만들어 먹어야겠다 싶던 날이었죠.

그런데 배고플 때 장 보면 안 되는 걸 깜빡한 거 있죠? 야채며, 고기며, 잔뜩 사와 주방에 펼쳐놓고 보니 그 양이 대단하더라고요. 이럴 때 빛을 발하는 나의 장점이 있다면 손이 굉장히 빠르고 생각 또한 상황에 맞춰 빠르게 정리된다는 것. 한비, 나, 남편까지 곧바로 다 같이 먹을 수 있는 메뉴를 만들어야 한다! 그러자 재빨리 손이 반응하기 시작했어요. 취사 가능한 숙소였기에 기본적인 향신료와 오일 정도는 구비되어 있던 것도 정말 다행이었죠. 그렇게 우리는 여행 중 파히타를 만났어요.

파히타는 가족 기호에 맞게 다양한 변형이 가능한 메뉴예요. 어느 식재료에도 딱히 거부감이 없다면 아래 적어놓은 레시피대로 만드는 것이 가장 맛있을 거예요. 우리 가족은 세 명 모두 입맛이 제각각인데 그나마 다행이라면 한씨 부녀가 식재료 본연의 맛을 사랑한다는 점. 그래서 아래 레시피보다도 더욱 간단한 재료로 파히타를 만들었고, 손쉬운 덕분에 여행지에서 자주 만들었어요.

# 옥수수 살사

## A 재료

스위트콘 한 개(초당옥수수도 가능, 또는 병옥수수 340그램짜리 1병 분량)

대추토마토 200그램 정도

적양파 1/2개

빨강 파프리카 1/2개

초록 피망 1/2개

할라피뇨 적당량(매운맛을 선호한다면 넉넉히, 청양고추도 가능)

고수(기호에 따라 적당량, 한비네는 두 줌)

올리브오일 2큰술

라임 1개

소금 적당량

후추 적당량

## 재료 손질법

스위트콘: 옥수수대를 세우고 칼을 이용해 위에서 아래로 옥수수 알만
잘라낸다(병이나 캔옥수수라면 채반에 올려 물기를 제거한다).

대추토마토: 4등분한다.

적양파: 잘게 다진 뒤 찬물에 담갔다 채반에 올려 물기를 제거해준다.

파프리카 & 피망: 옥수수 크기로 다진다.

할라피뇨 또는 청양고추 : 옥수수 크기로 다진다.

고수: 다진다.

## 만드는 방법

A 재료를 볼에 담아 잘 섞은 뒤 올리브오일, 라임즙, 소금, 후추를 넣고 한 번 더
섞은 다음 냉장고에 차갑게 보관해둔다.

분량과 레시피를 적어놓는 게 별 의미가 없을 정도로 간편한 조리법이 장점이에요.
좋아하는 재료는 더 많이 넣으면 되고 없다면 넣지 않아도 그만이니까요. 그렇지만
위 재료를 다 넣어주는 게 가장 맛있어요.

옥수수는 겉면만 노릇하게 구워주거나, 토치로 한 번 가열해주면 불맛이 나서 더욱
좋아요.

토마토는 알이 굵은 것보다 대추토마토로 만드는 게 가장 맛있어요. 대추토마토의
당도와 감칠맛이 제 옥수수 살사 레시피의 킥이랍니다! 당도 없는 토마토로
만들었다면 맛을 본 뒤 아가베시럽 같은 당류를 아주 소량 넣어 감칠맛을 더해주면
좋아요.

병옥수수는 한살림 또는 오아시스, 마켓컬리 등에서 유기농 제품을 구입해서
사용하세요. 해외에서 구입할 경우 non gmo 제품을 추천해요.

고수를 싫어하는 식구가 있다면 빼고 만든 뒤 다진 고수를 따로 담아 원하는
사람만 넣어 먹어도 좋아요. 그렇지만 옥수수 살사에 고수가 빠지면 너무 아쉽죠!

생파인애플이 있다면 옥수수 대신 파인애플을 잘게 다져 넣어 만들어도 맛있어요.

화이트 발사믹 비네거가 있다면 마지막에 한두 바퀴 둘러주세요. 감칠맛이
급상승한답니다.

# 과카몰레

## B 재료

잘 익은 아보카도 2개
대추토마토 200그램 정도
적양파 1/2개
다진 마늘 1큰술
할라피뇨 적당량
고수(기호에 따라 적당량)

라임 1개
소금 적당량
후추 적당량

### 재료 손질법

아보카도: 반으로 자른 뒤 칼로 씨를 탁 찍어서 빼내고 껍질과 과육을 분리한다.
대추토마토: 4등분한 뒤 채반에 올려 수분을 자연스럽게 제거한다.
적양파: 잘게 다진 뒤 찬물에 담궜다 채반에 올려 물기를 제거한다.
할라피뇨: 잘게 다진다.
고수: 다진다.

### 만드는 방법

아보카도를 볼에 담고 포크 등을 이용해 으깬 뒤 나머지 B 재료 모두를 볼에 담아
잘 섞어준다. 라임즙, 소금, 후추를 넣어 맛을 내면 끝.

### 한비네 팁

아보카도가 잘 익었는지 알 수 있는 힌트는 바로 꼭지에 있어요. 아보카도 꼭지가
똑 하고 쉽게 떨어지면 잘 익은 거예요. 아보카도가 딱 알맞게 익은 시점에 바로
사용할 일이 없다면 은박지 또는 랩으로 돌돌 만 뒤 냉장 칸에 넣어 보관하면 꽤
오랫동안 신선하게 보관할 수 있어요.
할라피뇨가 없다면 크러시드레드페퍼를 조금 넣어도 괜찮고, 청양고추를 다져
넣어도 좋아요.
고수는 꼭 넣어서 도전해보세요.

# 골라서 싸 먹는 파히타

**제일 먼저, 앞 레시피대로 옥수수살사와 과카몰레를 만들어둔다.**

**소고기, 닭고기, 새우 등 메인 재료를 선택한다.**
-소고기나 닭고기: 타코 또는 파히타 시즈닝파우더를 구입했다면 파우더를
고기에 살살 뿌리고 올리브오일을 뿌려 30분 이상 둔 뒤 팬에 굽는다.
-새우: 팬에 볶는 도중에 시즈닝 파우더를 넣어 간한다.

시즈닝 파우더가 없다면? 소금, 후추, 그리고 쿠민을 사용한다.
그마저도 없다면 커리 파우더 혹은 파프리카 파우더 등
집에 있는 향신료를 이용해 굽거나 볶는다.

**양파와 파프리카를 길게 채 썰어 불맛 나게 볶아준다.**
인덕션에서 불맛 나게 볶는 방법은, 먼저 오일 두른 팬에 양파를
잘 볶아준 뒤 팬 바닥에 양파를 넓게 깔고 중불에 그냥 둔다. 노릇노릇해지면
한 번 뒤집은 양파를 다시 넓게 펼쳐 팬에 깔아준 뒤 중불에 한참 둔다. 이때
양파는 알아서 노릇노릇 캐러멜화 되는데, 완전히 숨이 죽어 노릇하게 볶아졌다면
토치로 골고루 불맛을 입혀준다. 그다음 길쭉하게 썬 파프리카를 넣고 오일을 조금
더 뿌려준 뒤 같이 볶는다. 양파는 노곤할 만큼 볶아지고 파프리카는 살짝 식감이
살아 있어야 맛있다. 간은 소금, 후추, 쿠민 파우더 등으로 해도 좋고
타코 시즈닝이나 파히타 시즈닝을 조금 넣어 간해도 좋다.

**소프트 토르티야를 구입한다**
**(너무 작은 사이즈는 싸 먹기가 힘드니 사이즈를 잘 보고 구입하자).**
토르티야는 렌지용 접시에 담은 뒤 전자렌지에 30초 정도 돌려 따뜻하게
준비한다. 데운 토르티야는 금방 마를 수 있으니 키친타월을 물에 적셔
꼭 짠 뒤 덮어둔다.

사워크림은 용량이 커서 선뜻 구매하기 애매한데,
그럴 땐 무가당 요거트로 대체하자.


**그 외 같이 싸 먹을 재료를 취향껏 구입한다.**
-양상추: 채 썰어 준비한다.
-체다치즈: 채 썰어져 있는 제품을 구입한다.
-할라피뇨: 물기를 제거한 뒤 개운하게 하나씩 집어 먹을 수 있도록 준비한다.
-고수: 다져서 준비해둔다.
-아보카도: 납작하게 편으로 썰어둔다.
-블랙빈: 물기를 빼고 살짝 데워서 준비해둔다.


파히타의 장점은 각자의 입맛에 맞게 재료를 준비할 수 있다는 것.
그런데 우리 집 한씨 부녀는 식재료 고유의 맛만을 사랑한다.
토마토 살사도 필요 없고 그냥 잘라 소금, 후추만 뿌려둔 대추토마토를 싸 먹는다.
옥수수 살사도 필요 없다. 병옥수수의 물기를 뺀 뒤 접시에 내면 그만이다.
이렇게 두 가지에, 파히타 시즈닝 가루로 볶은 새우, 양상추채, 체다치즈,
사워크림 정도만 있으면 신나게 싸 먹으니 할 일도 없고 세상 편하다.


토르티야는 탄수화물이다. 큰 원형 토르티야를 한 장씩 싸 먹는 게
부담스럽다면 4등분하여 피자 조각처럼 자른 후 재료를 올려 먹으면 탄수화물
섭취량을 줄일 수 있다. 다이어트 중이라면 토르티야 대신,
손으로 러프하게 자른 양상추 위에 재료를 올려 먹어도 좋다.

# 보너스 레시피

## 파히타를 먹고 난 다음 날, 남은 재료로 만드는 볶음밥

파히타를 만들어 먹고 남은 야채를 소진하기에 가장 좋은 메뉴는 볶음밥.
한국에서 쌀이나 햇반을 가져왔다면 가볍게 만들기 좋은 볶음밥을 해 먹는
건 어떨까요. 양파, 파프리카, 고기 등을 이용해 볶음밥을 만들어보세요.
양상추가 남았다면 볶음밥을 조리한 뒤 마지막에 섞어 먹어도 별미예요.

## 남은 토마토 살사와 과카몰레는 나초와 함께 맥주 안주로 활용

볶음밥도 해 먹었고, 또 무슨 요리를 할 수 있을까 싶을 때 남은 살사에 나초만
사서 맥주 안주로 간편하게 활용해보세요.

## 아침으로 간단하고 맛있는 스크램블드에그

남은 달걀로 스크램블에그를 만들면 좋아요. 오일 두른 팬에 대파를 볶다가
잘 풀어둔 계란을 부어요. 팬 주변으로 포르르르 익어가면 주걱을 이용해
팬 바닥을 한 번씩 죽죽 가볍게 그으며 달걀에 공기층을 넣어주세요. 그렇게
가볍게 익히면 스크램블드에그 완성! 혹시 전날 다 먹지 못한 토마토 살사가
남아 있다면 곁들여 먹어요.

## 토마토 계란 볶음

오일을 두른 팬에 대파를 볶다가 잘 풀어둔 계란을 붓고 소금, 후추로 간을 한
뒤 스크램블드에그를 만들어 접시에 내어놓아요. 또다시 가열한 팬에 오일을
두르고 토마토를 태우듯 익히며 소금, 후추를 뿌려 먹기 좋게 구워요. 미리
만들어둔 스크램블드에그와 합쳐 센 불에 볶아 그대로 먹어도 좋고, 빵이
있다면 팬에 빵을 바삭하게 구워 빵 위에 올려 먹어도 좋아요.

## 프렌치토스트

달걀을 잘 푼 뒤 빵을 적당한 크기로 잘라 달걀물에 푹 적셔요. 소금으로
적당한 간을 미리 해두면 좋아요. 식빵처럼 가벼운 빵이라면 먹기 전에 하면
되고, 바게트처럼 단단한 빵이라면 두껍게 썰어 전날 밤 달걀물에 미리 담궈
냉장고에 넣어두고 자요. 앞뒤로 달걀물을 충분히 적셔주는 게 중요해요.
우리 가족은 유제품을 좋아하지 않아서 달걀 옷만 입히는데 유제품을
좋아하고 우유나 생크림이 있다면 달걀물에 넣어 농도를 맞춰주면 더 좋아요.
팬에 오일(버터를 좋아한다면 오일과 버터를 동량으로 넣어요)을 두른 다음
달걀물에 푹 적신 빵을 올려 노릇하게 구워요. 설탕이 있다면 빵 윗면에
설탕을 솔솔 뿌려 뒤집어요. 설탕이 녹으며 캐러멜화 되어 바사삭 더욱
맛있어져요. 여행지에 메이플시럽이 있을 리 없으니 이 방법이 최선이에요.
숙소에서 프렌치토스트와 가장 어울릴 만한 접시를 찾아 토스트를 올려준 뒤,
미리 사둔 베리류를 함께 토핑해보세요. 여행지에서도 우아한 아침을 맞이할
수 있답니다.

## 여행을 왔으니, 기분 좋게 팬케이크

하와이의 마트에서는 다양한 팬케이크 믹스를 쉽게 만날 수 있어요.
팬케이크를 싫어하는 아이는 본 적이 없는데요. 요즘은 물만 붓고 통째로
흔들어서 만들 수 있는 팬케이크 믹스도 많아요. 아이에게 흔들어 섞는
역할만 시켜도 여행 중 가족이 함께 요리한 추억이 하나 더 생길 거예요.
아이가 신나게 팬케이크 믹스를 흔들면 엄마 혹은 아빠가 팬을 달궈 반죽을
붓고 팬케이크를 구워요. 그 사이 아이는 과일을 손질하면 좋겠죠. 씻는 것도
좋고 베리류를 만지며 이야기를 나눠도 좋아요.
팬케이크가 완성되면 잘 어울리는 접시를 꺼내 담고 아이가 손질한
과일을 팬케이크 옆에 올려요. 별거 아닌 이 모든 것들이 훗날 추억이 되고
이야깃거리가 된답니다.

## 한국에서 김밥용 김을 챙겨왔다면 남은 재료 넣고 돌돌 말아 김밥

남은 야채와 달걀, 밥, 김밥용 김만 있으면 김밥을 돌돌 말아 한 끼 식사로
충분해요. 꼭 김발 같은 도구가 없어도 괜찮아요. 손으로 투박하게 말더라도
여행지에서는 색다른 재미가 될 테니까요.

# 루스 크리스 스테이크 하우스 vs 울프강 스테이크 하우스

미국 식문화에서 빼놓을 수 없는 것이 바로 스테이크다. 굳이 하와이에서 스테이크를 먹는 이유가 무엇이냐고, 그래서 하와이의 스테이크는 무엇이 다르냐고 묻는다면? 나는 하와이의 신선한 식재료와 미국 정통식 스테이크의 특별한 만남은 꼭 경험해봐야 한다고 말하고 싶다. 그래서인지 미국의 유명 스테이크하우스 대부분은 하와이에도 매장을 두고 있다. 여행자들이 많이 찾는 곳으로 울프강 스테이크 하우스, 루스 크리스 스테이크 하우스, 하이스 스테이크 하우스, BLT 스테이크가 있다.

우리 가족의 입맛에 잘 맞는 곳은 루스 크리스 스테이크 하우스다. 하와이에서 첫 번째로 먹은 스테이크이기도 한데, 미국 오아후 외에 빅아일랜드, 마우이에도 매장이 있다. 이곳의 스테이크는 미국 농무부에서 분류하는 최고급 등급의 USDA 프라임 갈빗살을 사용해 부드럽고 육즙도 풍부하다. 드라이에이징 고기 특유의 육향이 비교적 덜하며 스테이크가 260도로 데워진 접시에 나와 마지막 한 점까지 맛있게 즐길 수 있다. 기본에 충실하지만 깔끔한 맛을 선호한다면 루스 크리스 스테이크 하우스를 추천한다.

마우이 와일레아에서 먹었던 인생 스테이크 맛을 잊지 못해 루스 크리스 스테이크 하우스 와이키키점도 방문했다. 첫인상이 좋았던 터라 두 번째 방문은 더욱 설렜다. 주문을 받던 한국계 직원이 다정하게 물었다.

"사이드는 뭘로 하시겠어요?"

직원은 감자, 브로콜리, 아스파라거스 등을 한 가지씩 설명해주었고 남편은 설명을 듣는 내내 활짝 웃으며 고개를 끄덕거렸다.

맛있게 식사를 마치고 식대를 보는데 입이 떡 벌어질 정도의 가격이 나왔다. 남편은 직원분이 너무도 다정하게 물어보길래 사이드가 모두 무료인 줄 알았다고. 어쩐지, 시원시원하게 오케이를 외치더라니. 남편 덕분에 아주 뜨겁다 못해 화끈한 스테이크를 맛봤다.

울프강 스테이크 하우스 와이키키 지점은 런치에 방문했다. 일부러 점심 시간이 살짝 지난 시각에 갔더니 매장은 비교적 조용했다. 사실 루스 크리스에서 하와이 스테이크를 제대로 경험했기에 이번엔 힘을 빼고 가벼운 마음으로 찾아갔다. 뭘 먹을까 메뉴판을 살피는데, 남편이 메뉴판을 건네준 직원에게 잘 생겼다며 갑자기 말을 거는 게 아닌가. 누구 닮았다는 소리 안 들어봤냐고 남편이 물으니 직원은 나 '해리슨 포드' 닮았다는 이야기 많이 듣는다며 둘이서 화기애애한 대화를 나눴다.

티본 스테이크는 정말 맛있었지만, 후각과 미각이 예민한 내 입에는 드라이에이징 특유의 육향이 조금 거슬렸다. 스테이크 러버 남편은 연신 맛있다며 잘 먹었고. 마지막 스테이크 한 점까지 알뜰하게 먹는 남편과 한비를 보니 덩달아 배가 불러왔다. 식사를 마치고 일어서려는데 그 해리슨 포드를 닮은 직원이 치즈케이크를 가져왔다. 해리슨 포드의 서비스라면서. 순식간에 기분을 좋게 만드는 이런 센스가 여행지 전체에 대한 느낌을 더 환하게 밝혀주는 것 같다.

하와이를 여행할 때마다 남편은 입버릇처럼 말하곤 한다. 이곳에선 미소가 최고라고. 이야기하는 상대가 누구든지 웃으면서 이야기하다 보면 순간 이곳이 여행지란 사실을 잊을 때가 있다. 하와이 현지인들 대부분이 친절하다지만, 미소를 건네는 여행자에게 더 마음을 써주는 건 어디나 마찬가지일 것이다.

---

**한비네 팁**

디너는 무작정 방문하면 긴 대기 줄을 만나기 십상이라 예약이 필수예요. 예약을 못 했거나 붐비는 시간을 피하고 싶다면, 오후 해피 아워를 이용하는 것도 좋아요. 타임 메뉴 주문이 가능하고 사이드랑 디저트도 맛볼 수 있어 경제적이랍니다. 식당에서는 메뉴 가격의 20퍼센트 정도를 팁으로 생각해서 미리 계산해두세요.

# 한비 아빠가 알려주는
# 해외 식당에서 계란 요리 주문하는 법

집에서는 엄마가 만들고 싶은 대로 계란을 요리하죠. 아이들이 기호에 따라 조리법을 선택하는 게 자연스럽진 않아요. 그런데 여행지에서는 사정이 달라요. 호텔 또는 현지 식당에서 브런치를 즐기려면 아이들에게도 여러가지 계란 조리법에 대한 지식이 꼭 필요합니다. 뷔페 조리대 또는 알라카르테 메뉴에 계란이 있는 경우 "How would you like your eggs(계란을 어떻게 조리해드릴까요)?" 하고 질문을 받게 되는데요. 이때 아래 중에서 선택해 말하면 됩니다. 취향껏 골라 먹는 계란 요리 덕분에 조금 더 특별해지는 경험을 아이들에게 선물해보세요.

**poached egg:** 끓는 물에 계란을 풀어 익히되 노른자가 터지지 않게 익힌 것.

**boiled egg:** 삶은 달걀.

**over easy:** 빠르게 양쪽 면을 익혀 노른자는 액체 상태이며, 흰자는 부들부들하게 익은 것.

**sunny side up:** 계란을 뒤집지 않고 한쪽 면만 익힌 것. 이때 노른자는 터지지 않아야 한다.

**over medium:** 노른자를 조금만 익히고, 흰자는 노르스름하게 익히는 방법.

**over hard:** 계란의 노른자와 흰자를 뒤집어가며 완전히 익히는 방법.

**soft scrambled:** 노른자와 흰자를 섞고 중불로 짧은 시간 동안 조리해 계란의 촉촉함과 부드러움을 유지하는 방법.

**hard scrambled:** 우리가 알고 있는 일반적인 스크램블드. 만들어져서 따로 담아놓은 경우가 많으며 베이컨, 소시지, 해쉬브라운, 토스트 등과 함께 먹는다.

**omelet:** 스크램블드 에그의 한 종류. 계란과 고기, 치즈, 야채, 허브, 향신료 등 원하는 식재료를 넣고 함께 조리한다. 아이들이 좋아하는 메뉴이며, "Omelet, please! Everything inside except 먹기 싫은 재료." 또는 "No 먹기 싫은 재료 with omelet, please."라고 주문하면 된다.

# 하와이스러운 여행

아침에 일어났더니 남편은 뭔가를 조용히 검색하고 있다. 창문 밖 하늘은 방금 물감을 칠한 듯 새파랗다. 한비도 부스스 눈을 비비며 일어나 발코니로 나가더니 싱그러운 하와이의 향기가 난다고 말한다. 아이의 입에서 '싱그러운 하와이의 향기'라는 표현이 나오다니! 한비야, 너에게 하와이는 그렇게 오래도록 기억되겠구나. 매일매일 눈을 뜨자마자 만나고 싶은 하늘이다.

"한비야 오늘 날씨 진짜 좋다. 우리 배 타고 바다로 나가볼까?"

"우아, 정말? 좋아!"

엊그제 처음 배운 서핑이 재미는 있었지만 잔뜩 긴장해서인지 (피를 흘리며 다치기도 했고) 피로가 좀 쌓인 모양이었다. 덕분에 어제는 주로 드라이브를 하면서 체력을 비축해두었다. 그래도 하와이에서 꿀 같은 단잠을 자고 나면 하루 만에 에너지는 완벽하게 충전되지!

아침을 든든하게 먹고 수영복과 이런저런 장비를 챙겨 점심이 조금 지난 시각 숙소를 나섰다. 지난번 산책하면서 보았던 액티비티 업체 사무실로 가기 위해서다. 우리는 한비와 의논해 패러세일링과

스노클링, 카약 타기, 슬라이드 등이 포함된 프로그램을 선택했다.

난생처음으로 경험한 패러세일링은 우리 셋이 함께라 더욱 신이 났다. 발 아래 파란 바다가 끝도 없이 펼쳐졌고, 저 멀리 오아후 시내 전체가 보였다. 시원한 바람이 온몸을 휘감자 이루 말할 수 없는 에너지가 차올랐다. 보트를 운전하던 직원이 묘기를 부리듯 우리를 하늘 높이 더 높이 올렸다가 물에 엉덩이가 닿을 듯 말 듯 하더니, 결국 물속에 풍덩! 놀이기구를 타는 것처럼 짜릿한 기분마저 들었다. 1년치 함성을 짧은 시간 안에 모조리 지른 것 같다.

그다음에는 보트로 한참을 나가 망망대해 위에서 스노클링, 카약, 패들보드, 수면 위 트램펄린까지 원하는 모든 걸 즐길 수 있었다. 바다 위 작은 테마파크로 초대된 기분이었다. 나도 이렇게 재밌는데 꼬마 한비는 얼마나 신이 났을지. 배에 연결되어 있는 워터슬라이드와 다이빙에 푹 빠져 2층 높이의 배 위에서 시커먼 바다를 향해 구명조끼도 없이 신나게 다이빙하는 한비를 보니 '쟤는 전생에 정말 돌고래였나 봐.' 하는 생각이 절로 들었다. 배에 타고 있던 직원들도 놀란 눈치였다. 저 꼬마 정말 겁도 없구나.

배고프면 배에 준비된 컵라면을 끓여 먹고, 배부르면 물 위 트램펄린에서 실컷 뛰고, 카약과 스노클링도 즐기며 한나절을 보냈다.

날씨의 영향을 크게 받는 하와이 여행에서는 모든 일정을 짜두지 않는다. 숙소와 큰 몇 가지 일정을 제외하고 대부분은 다음 날 날씨와 그날그날의 컨디션에 따라 정한다. 가족 여행에서는 아이의 컨디션이 가장 중요하다. 아무리 알찬 코스라 하더라도 아이가 아프거나 힘들어한다면 더 이상 즐거운 여행이 될 수 없지 않은가.

하와이에서는 이곳저곳 도장을 찍듯이 바쁘게 다니기보다는 한 곳에서 충분히, 때로는 계획에 없더라도 마음이 가는 대로 즐기는 여행을 추천한다. 그런 방식이 잘 어울리는 곳이 바로 하와이니까.

# 한비네가 추천하는 쇼핑 스폿

### 레드 파인애플 Red Pineapple

로컬 기프트 숍 레드 파인애플은 한비를 배 속에 품고서 친한 동생과 함께
떠났던 첫 하와이 여행 때 방문한 뒤 반한 곳이에요. 아기자기하고 예쁜
소품부터 독특한 텀블러, 주방용품, 장바구니 등 내가 좋아하는 물건들이
정말 한가득이지요. 가족과 친구들을 위한 선물을 고르기에도 딱 좋은
숍이었죠. 한비가 태어나면 쓰려고 미리 준비해둔 유모차와 딱 어울리는
오가닉 소재의 블랭킷을 이곳에서 골라왔어요. 그 블랭킷은 한비가 나중에
결혼하면 주려고 여전히 간직하고 있답니다. 처음 찾은 이후 10년이 훌쩍 지난
지금까지도 저에겐 추억이 깃든 장소라 하와이에 갈 때마다 들르곤 해요.
**1151 12th Ave, Honolulu, HI 96816**
**redpineapple.net**

### 룰루레몬 Lululemon

와이키키의 중심 알라모아나 쇼핑센터에 위치한 룰루레몬 역시 하와이 여행
때마다 무조건 들리는 곳이에요. 하와이 한정 제품도 많고, 아웃렛이 아닌
데도 세일 품목이 꽤 많거든요. 아시안 체형에 맞는 사이즈 재고가 많은 점도
장점이에요. 와이키키 매장은 알라모아나 매장보다 규모가 작지만 잘 찾으면
괜찮은 아이템이 많아요.
**알라모아나점 2270 Kalākaua Ave Suite 104, Honolulu, HI 96815**

### 파타로하 Pataloha

파타로하는 오직 하와이에만 있는 파타고니아 한정 컬렉션이에요.
와이키키를 걷다 보면 파타로하 에디션 티를 입은 사람들을 자주 보게
되지요. 파타고니아 감성을 한껏 담은 매장은 규모가 크고 주차장도 넓어
쇼핑을 즐기기에 아주 편해요. 키즈용 제품, 할인 제품도 많답니다.
**535 Ward Ave, Honolulu, HI 96814**

## 사우스 쇼어 마켓 South Shore Market

로컬 디자이너의 특별한 아이템을 만날 수 있는 브랜드 매장이에요.
라이프스타일 용품부터 악세서리 등 패션 제품, 독특한 아이디어 제품을 보는
재미가 쏠쏠한 곳이죠. 쇼핑은 물론 식사와 디저트를 즐길 맛집도 많아요.
와이키키 산책 중 들러보는 것을 추천해요.

**1170 Auahi St, Honolulu, HI 96814**

## 로스 Ross Dress for Less

브랜드 제품을 높은 할인율로 판매하는 곳이에요. 매의 눈으로 찾아보면
보물을 건질 수 있지만, 쉽게 좋은 아이템을 살 마음으로 가면 실망할
수도 있어요. 하루 일과를 마치고 늦은 시간 가벼운 마음으로 가서 보물을
찾아보세요.
카할라몰에는 홀푸드 외에도 메이시스 백화점과 로스가 있어 쇼핑을
즐기기에 좋죠. 로스에서는 특히 물놀이 용품을 저렴하게 살 수 있어요.
한비는 이곳 로스에서 5달러 주고 산 물안경을 아직도 쓰고 있답니다.

**알라모아나점 1450 Ala Moana Blvd Spc 1043, Honolulu, HI 96814**
**카할라몰점 4211 Waialae Ave, Honolulu, HI 96816**

## 노드스트롬 랙 & 티제이맥스 Nordstrom Rack & TJ Maxx

노드스트롬 랙은 백화점 이월 상품을 저렴하게 구입할 수 있는 아웃렛으로
와이키키와 워드 빌리지 두 곳에 있어요. 티제이맥스는 워드 빌리지
노드스트롬 랙과 연결된 아웃렛형 할인 매장이에요. 디자이너 브랜드 의류와
잡화를 비롯해 각종 주방 용품이나 생활 용품을 판매하죠. 이곳 또한 운이
좋으면 보물을 건질 수도 있다는 가벼운 마음으로 찾는 곳이에요.

## 한비네 팁

여행 중에는 만약을 위해 영수증을 챙겨두는 편이에요. 쇼핑을 하고 나서 숙소에
돌아와 보면 상품에 문제가 있어 교환하거나 환불해야 하는 경우가 생기더라고요.
한번은 룰루레몬에서 옷을 구입한 후 호텔에 돌아와 확인하니 봉제 불량
제품이더라고요. 바로 영수증을 가져가 교환했지요. 평소 덜렁이인 저는 제품
구입 후 영수증을 안 받거나 받자마자 버리는 경우가 대부분인데요. 그날 이후
여행지에서 영수증은 꼭 챙기게 되었어요. 잘 모아둔 영수증은 귀국 후 여행을
곱씹는 소소한 추억거리가 되기도 해요.

# 어쩔 수 없이 빅아일랜드

    세 번째 하와이 여행을 준비하면서 고민거리가 생겼다. 첫 번째 하와이 여행에서 갑자기 일정을 늘려 오아후에 예정보다 더 오래 머물고, 두 번째 여행에서는 지인 가족들에게 오아후 이곳저곳을 소개해주고 났더니. 세 번째 하와이 여행에서는 어디를 가면 좋을까 고민이 된 것이다. 오아후의 모든 곳을 가본 건 아니지만, 적어도 우리 가족이 좋아할 만한 곳 대부분은 다녀본 것 같았다. 이번에는 오아후가 아닌 곳을 선택하고 싶었고, 그래서 한 번도 가보지 못한 빅아일랜드가 떠올랐다.

    사실 남편은 첫 하와이 여행부터 마우이보다는 빅아일랜드에 가고 싶어 했다. 하지만 난 뛰어난 자연경관 말고 색다른 재미라고는 없을 듯한 빅아일랜드에 전혀 가고 싶지 않았다. 전 일정 렌터카가 필수인 곳. 당연히 운전 담당인 내 역할이 늘어날 테지. 또 오아후보다 편의시설이 다양하지 않아 식당이나 숙소를 고를 때도 선택의 폭이 좁을 것이라는 이야기를 많이 들었던 터라 그냥 싫었다. 그냥. 남편은 옆에서 계속 빅아일랜드 이야기를 하고 있었지만.

    그래도 남편이 그토록 가고 싶다고 하니, 큰마음 먹고 양보했

다. 우리의 세 번째 하와이행 일정은 빅아일랜드, 마우이, 오아후 순서로 계획을 짰다. 빅아일랜드는 처음인지라 우리 가족끼리 둘러보고 마우이에서는 다윤이네, 오아후에서는 두 번째 여행에서도 함께했던 소민이네와 함께 여행하기로 했다. 그렇다. 소민이네도 우리와 하와이 여행을 한 뒤 하와이에 꽂혀버린 것이다.

이제야 고백하지만, 사실 이때까지만 해도 빅아일랜드는 다시 가지 않아도 될 이유를 찾을 마음으로 일정에 넣은 곳이었다. 오아후에 도착한 뒤 바로 빅아일랜드행 주내선을 탔다. 빅아일랜드 코나의 힐로 공항까지는 40분 정도 걸렸으니 서울과 제주 거리보다도 가까운 셈. 처음 도착한 빅아일랜드의 첫인상은 내 예상과 전혀 다르지 않았다. 섬의 크기에 비해 공항은 너무 작고 소박해서 공항이라기보다는 시골 간이역 같기도 했다. '역시 이곳은 내 스타일이 아니구나.' 하는 마음에 빨리 마우이로 가고 싶다는 생각뿐이었다.

렌터카를 픽업해서 숙소가 있는 와이콜로아로 향했다. 남편이 심혈을 기울여 선정한 빅아일랜드 숙소는 힐튼 그랜드 베케이션 클럽. 그런데 운전을 하며 숙소로 가는 30분 남짓의 시간 동안 내 넓은 시야에 펼쳐진 빅섬의 광경은 알 수 없는 묘한 설렘을 일으켰다. 꽤나 강렬했던 시간이었다. 오아후와 마우이에서는 느껴보지 못한 희한한 감정이었다. 뭐랄까, 미지의 장소에 대한 호기심이 발동했달까. 이게 바로 빅섬의 매력인 듯했다.

"엄마, 저게 막둥어잖아. 저거 저거, 저렇게 펄쩍펄쩍 뛰는 물고기 말이야!

그렇게 망둑어가 아닌 막둥어에 대해 한비에게 제대로 배우고 와이키키 비치에서 실컷 놀다 나와 보니 배 위가 너무 간지러운 거다. 그걸 본 한비가 말했다.

"엄마, 그건 해파리한테 쏘인 거 같은데?"

옥토넛에서 본 바다 생물을 죄다 좋알거리던 그날 한비와의 대화는 너무나도 귀엽고 재밌었다.

우리 가족은 여행 전에 꼭 테마를 정하곤 했다. 첫 하와이 여행에서는 '탐험'을 주제로 정했다. 탐험이라고 하면 뭔가 엄청나고 대단한 일을 벌여야 할 것 같지만 실은 별거 없다. "우리, 바다에서 조개 탐험을 시작해볼까?"라고 이야기한 뒤 아이와 함께 눈에 띄는 예쁜 조개껍질을 찾는 정도다. "우리 이번엔 바다거북을 찾아가는 탐험을 떠날 거야!" 이렇게 외치고서는 바다거북을 보러 출발하고. 조개껍질을 찾으며 노래를 부르고, 바다거북을 보러 가는 길에도 우리끼리 만든 바다거북송을 부른다.

하와이에는 우리 가족이 함께 탐험하기로 계획했던 모든 것이 있다. 예쁜 조개, 거북처럼 소소하지만 각자의 가족에겐 특별하게 기억될 대상을 찾아 스토리를 만들어보는 건 어떨까. 아이는 분명 엄마 아빠와 함께 무언가를 경험하고 느끼고 해냈다는 성취감을 느끼게 될 것이다. 차를 타고 이동하는 지루한 시간이 엄마 아빠와 함께 새로운 탐험을 떠나는 과정으로 여겨지면 여행에 대한 흥미는 훨씬 커질 테고.

어른들에게는 별거 아닐 수 있지만 커가는 아이들에게는 이 모든 게 든든한 추억이 되는 것 같다. 여행을 다녀오고 몇 년이 지난 뒤, 아이가 여행에서 구체적으로 어떤 일들이 있었는지 잊었다며 속상해하는 부모도 있다. 하지만 여행지에서의 행복했던 감정은 아이들 마음 깊은 곳에 새겨지는 것이 분명하다. 이렇게 말하는 한비를 보면 확실하다.

"엄마. 우리 그때 하와이에서 조개탐험대였잖아. 파도 때문에 무섭기도 했는데 그래도 진짜 재미있었어."

# 원 스텝, 투 스텝, 풍덩!

빅아일랜드에 도착하고 이튿날, 가장 먼저 찾은 곳은 바로 코스트코였다. 빅섬은 아무래도 음식을 해 먹어야 할 것 같은 느낌이 들어서였다. 왠지 외식을 할 만한 곳이 없을 듯해서 말이다. 간단한 요리를 위한 소스, 고기, 과일, 남편 취향에 딱 맞는 각종 약과 비타민들이 필수 쇼핑 품목이다. 그리고 놓치면 안 되는 아이템 부기보드까지. 디즈니 아울라니 인공 라군에서 처음으로 탄 이후 부기보드는 한비의 하와이 필수 아이템이 되었다.

새로 산 부기보드를 들고 처음 찾은 곳은 하푸나비치 주립 휴양공원. 이곳은 빅아일랜드에서 가장 큰 모래사장을 가진 곳이다. 미국 내 최고의 해변으로 꼽히는 곳이라서 여행 엽서에도 빠지지 않는 곳이다.

오래된 나무 덕분에 그늘이 많아 모래사장에서 쉬기에 좋고, 무엇보다 파도가 높지 않으면서 해안이 반원형으로 넓게 펼쳐져 있어 수영이나 부기보딩을 즐기기에 좋다. 한비에게는 그야말로 최고의 장소다. 어찌나 재미있게 놀았는지 다음 날 한비 얼굴이 아주 새까맣게 타버렸다.

우리의 다음 숙소는 투숙하는 방 바로 앞에 수영장이 있는 '킹스랜드'라는 곳. 원래의 한비 같았으면 숙소에 머무는 내내 수영장에서만 살았겠으나, 하푸나비치를 이미 경험해서인지 수영장이 좁게 느껴진 모양이다. 계속 비치만 찾는 이 녀석.

빅아일랜드 여행을 위해 남편은 특별히 아쿠아슈즈와 오리발을 챙겨왔다. 웬만한 수영용품은 그때그때 필요한 걸 현지에서 사서 야무지게 쓰는데. 한국에서부터 준비해왔다는 건 남편이 무언가 대단한 일을 계획했다는 뜻이다. 여행자들에게 잘 알려지지 않은 곳이라며 남편이 데려간 곳은 투스텝 비치.

직역하면 두 걸음 해변인 건 알겠는데, 그냥 봐선 도무지 그 속뜻을 알 수가 없었다. 다른 해변과 달리 모래사장이 아닌 화산암으로 이루어져 편편한 바위와 돌로 가득했고, 물이 고여 있는 곳과 없는 곳이 뒤섞인 곳. 꼬마 아이들은 돌과 돌 사이에 기저귀만 차고 앉아 물에 있는 작은 물고기를 찾느라 바빴고, 어른들은 바다를 향해 캠핑의자를 펼치고 앉아 맥주를 마시기도 했다.

분위기가 묘하고 신비로운 곳이다. 뭔가, 외국 같은 곳. 아! 외국이었지, 이곳이! 남편은 한비와 함께 오리발로 갈아 신더니 한 걸음 두 걸음 만에 바다로 풍덩 들어갔다. 입수하는 곳에 계단 모양의 화산암이 있어서 실제로 두 걸음이면 깊은 바다로 들어갈 수 있어 붙여진 이름이라고. 와서 보니 이곳과 정말 딱맞게 지은 귀여운 이름이었네.

나는 입수하는 대신 물 밖에서 바다의 색을 만끽했다. 정말이지 너무나 환상적이다. 코발트블루와 에메랄드블루가 뒤섞였는데 잔잔한 물결 덕분에 보석처럼 반짝였다. 물결 사이사이로 스노클링을 해야 볼 수 있던 노오란 옐로우탱들이 촘촘히 들여다보였다. 인어공주가 사는 물속 세상을 수면 위에서 보는 것 같은 느낌이었달까.

한비는 잠수를 하고 나오더니 바닷속에 옐로우탱이 가득하다며 아주 신이 났다. 한비보다 더 신난 사람이 또 한 명 있었지, 바로 내 남편. 물살이 굉장히 빨라 한비가 괜찮을까 싶었지만 역시 한비는 강한 꼬마다. 아빠 손을 꼬옥 잡고 물 위에 몸을 맡긴 채 한참을 둥실둥실 떠다니며 바다를 즐길 줄 아는 진정한 꼬마탐험가.

오아후에서도 마우이에서도 많은 비치를 찾아다녔지만 빅아일랜드의 비치는 또 다른 느낌이었다. 조금 투박한 듯 하지만 그 속을 더 알고 싶게 만드는 매력이 넘쳐 흐른다. 무엇보다 한비가 즐기며 좋아하는 모습을 보니 이곳이 더 좋아졌다. 두 걸음만 다가가도 놀라운 볼거리를 선뜻 선물하는 빅아일랜드. 나 점점 빅아일랜드에 빠져들고 있는 것 같다.

# 한비네가 추천하는
# 마우이 & 빅아일랜드 비치

## 마우이

### 카팔루아 비치 Kapalua Beach

호텔 체크아웃 후 시간이 남아서 드라이브를 하다가 우연히 만난 곳. 사전 정보 없이 무작정 차를 세우고 들어갔지만 순식간에 아름다운 풍경에 빠져버렸어요. 파도가 잔잔한 작은 비치를 찾는다면 추천해요. 한비네 시크릿 비치이기도 할 만큼 멋진 곳인데, 그늘이 없다는 게 단점이에요.

### D.T. 플레밍 비치 D.T. Fleming Beach

2003년 미국 최고의 해변으로 선정된 맑고 깨끗한 곳이에요. 키 큰 나무들이 만들어주는 그늘이 있고 파도도 잔잔해서 아이들이 물놀이하기에 좋아요. 부기보드나 서핑을 즐기기에도 좋고요. 비교적 한산한 비치이므로 느긋하게 산책을 즐기는 것도 좋아요.

### 모카푸 비치 공원 Mokapu Beach Park

안다즈 호텔과 인접한 비치예요. 안다즈에 머문다면 가장 먼저 가족 카약 프로그램을 예약하는 게 좋은데요. 워낙 인기 많은 프로그램이기 때문에 서둘러 예약해야 해요. 카약을 탈 때 크루에게 거북을 보고 싶다고 말하면 볼 수 있는 장소로 데려다줘요. 단, 직원에게 줄 팁을 챙기도록 해요. 남편은 카약 프로그램을 체험한 다음 스노클링 장비를 대여해 입수하고 물속에서 바다거북을 만났어요. 물이 맑지만 깊기 때문에 구명 조끼 등 필요한 장비를 모두 대여하는 것을 추천해요.

## 빅아일랜드

### 하푸나 비치 Hapuna Beach State Recreation Area

빅아일랜드에서 가장 큰 모래사장을 가진 곳. 파도가 높지 않고 해안도
넓어 부기보드, 스노클링을 즐기기에 좋아요. 한비도 이곳에서 하루 종일
부기보드를 즐겼죠. 비치 왼쪽에 나무 그늘이 있어 쉴 수 있어요.

### 투스텝 비치 Two-step Beach

한비와 남편이 스노클링하기에 가장 좋다고 꼽은 비치예요. 바다로 들어가는
지점에 계단 모양의 화산암이 두 개 있는데, 실제로 두 걸음만 가면 바다로
풍덩 들어갈 수 있어요. 수심이 다소 깊지만 바닷속에서 옐로우탱 같은
총천연색 물고기를 쉽게 만날 수 있어요.

### 쿠아 베이 비치 Kua Bay Beach

작지만 가장 완벽에 가까운 푸른 빛깔의 바다를 만날 수 있는 곳. '마니니
오왈리 비치'라고도 불린다고 해요. 여름에는 파도가 잔잔해 스노클링을
즐기기에 좋고, 파도가 높은 겨울에는 부기보드나 서핑을 즐길 수 있어요.
모래 입자가 매우 고운 덕분에 아이들이 놀기에 좋지만 그늘은 없어요.
파라솔이나 우산을 꼭 챙기도록 해요.

# 너무나도 특별한 사교육

우리 부부는 한비에게 사교육을 시키지 않는다. 일상을 공부와 자연스럽게 연결시켜 스스로 할 수 있게 남편이 평소에 노력해주었다. 영어 선생님인 남편은 아이를 다루는 데 아주 능숙해 보인다. 적어도 한비에게는 남편의 교육법이 아주 잘 맞아떨어졌다. 한비가 무언가에 관심을 가지고 공부할 때에는 보통 아빠와 함께 이렇게 시작하곤 했다.

서점을 매우 좋아했던 한비는 주말마다 아빠와 둘이서 집 근처 교보문고 데이트를 즐겼다. 그러던 어느 날 한비가 영어 단어책을 가리키며 아빠에게 사달라고 했단다. 당시 한비는 초등학교 2학년. 남편은 이때가 기회다 싶어서 이렇게 말했다고.

"한비야! 너 이 책 사면 아빠랑 영어 단어 외우기 미션이 시작될 텐데, 어때? 잘 생각해봐. 아빠는 아직 한비가 이 책을 사는 걸 원하지 않는데?"

"아빠, 나 이 책 사고 싶어. 그럼 그거 할게. 아빠가 말하는 미션 할게. 이 책 사줘."

"그래, 알았어. 그럼 사줄게. 대신 아빠랑 약속하는 거다? 매일

매일 아빠랑 약속한 만큼 영어 단어 외워야 해. 이건 약속이니까 꼭 지켜야 하는 거야."

그렇게 아빠와 함께한 한비의 영어 단어 외우기가 책을 산 다음 날부터 시작되었다. 처음엔 단어를 몇 개씩만 외우다가 천천히 조금씩 외우는 양을 늘려갔다. 매일 외우고, 외운 단어를 아빠와 테스트하는 공부가 시작된 것이다. 그렇게 시작된 루틴은 한비가 호주 생활을 하기 전까지 계속되었다. 당연히 하기 싫은 날이 있었을 테고 단어 테스트를 하며 울기도 했지만. 아빠와 한 약속은 한비 본인이 결정한 거니까 그에 대한 책임이 필요했다.

한비의 영어 단어 테스트가 없는 날은 주말, 그리고 우리 가족의 여행 기간뿐. 그를 제외하고는 예외 없이 무조건 외우고 테스트를 받았다. 한비가 아빠를 잘 몰랐던 모양이다. 그때 그 단어책을 왜 산다고 했을까. 하하하.

영어 단어를 외우는 루틴이 생기고 난 후 한비의 성향을 정확히 파악할 수 있었다. 한비는 나와 다르게 주어진 일이 있다면 눈뜨자마자 그것부터 하고서 하루를 시작한다. 난 끝까지 버티고 미루다 자기 직전에 겨우 하는 부류인데. 나와 달라도 너무 다른 한비. 단어책 한 권이 끝나면 그다음 단어책을 사러 아빠와 함께 교보문고로 향한다. 책을 고를 땐 늘 한비에게 선택권을 주는 남편. 역시 남편은 한비와의 밀당을 무지 잘하는 듯하다. 교육에 있어서 나는 한 발짝 물러서 지켜보는 입장이다. 그 부분만큼은 남편이 나보다 훨씬 훌륭

하니까. 난 한비에게 건강하고 맛있는 음식을 해주는 역할을 하고.

자기만의 공부 습관이 만들어지자 한비는 스스로 취미 생활도 찾아 꾸준히 끝까지 해나가게 되었다. 영어 공부와 비슷한 시기에 시작된 뜨개질 취미는 벌써 6년째 이어지고 있다. 한비의 엉덩이 지구력 만큼은 엄마인 나도 인정하는 부분이다.

나는 한비의 바른 생활 방식과 마음의 성장이 무엇보다 중요하다고 생각한다. 먹고 자고 노는 일, 모두 아이 스스로 결정하고 행동하게 돕는다. 아이가 살아가며 반드시 지켜야 할 예의와 타인에 대한 배려 또한 매우 중요한 부분이라 여기는데, 이 또한 한비와 많은 대화를 나누며 옳은 길을 찾아나가길 바라고 있다.

우리 부부가 굳이 비용을 들이는 사교육을 꼽자면 바로 여행과 운동이다. 여행은 한비에게나 우리 부부에게나 익숙한 일상에서 벗어나 낯선 환경에 스스로를 온전히 던져보는 멋진 경험이다. 또 새로운 세상을 내가 어떻게 바라보고 어떻게 적응하는지, '나'라는 사람을 새로이 발견해볼 수 있는 기회이기도 하다. 온전히 자신의 선택과 행동으로 문제를 해결해나가는 경험만큼 값진 건 없다고 생각한다. 엄마 아빠 그리고 한비도 여행에서 많은 것을 배우고 서로에 대해 알아가고 있다.

세상을 다양한 눈으로 보며 경험한 것들이 한비 안에 차곡차곡 쌓여 어떠한 결정을 내려야 할 때 스스로 올바르게 판단할 수 있는 현명한 사람이 되었으면 하는 것이 우리 부부의 가장 큰 바람이다.

하와이를 여행하면서 한비가 조금 더 자유로운 아이로, 더 다양하게 즐기며 잘 노는 아이로 컸으면 하는 바람도 생겼다. 한비가 하와이의 파란 바다에 뛰어들고, 돌고래처럼 하루 종일 수영을 하고, 하와이의 아름다운 자연에서 마음껏 뛰어놀던 시간은 정말이지 특별한 선물이었다.

하와이 전도사임을 자처한 덕분에 지인 가족들과 하와이를 수차례 여행하며 한비는 동생, 친구들과 함께하는 특별한 경험도 누렸다. 하루 종일 바다에서 놀고 자기들끼리 모여 게임도 하며 집에서는 허락되지 않는 밤 늦은 시간까지 수다를 떨기도 했고, 여행을 한 번 하고 나면 아이들은 새까매진 얼굴 만큼이나 몸도 마음도 부쩍 크는 느낌이다.

제아무리 부모라도 아이의 인생을 결정해주지 못한다. 또 아이가 원하는 것을 모두 사주거나, 모르는 것을 다 알려주는 것이 부모의 역할은 아니다. 아이는 아이대로 건강하게 자라고 부모는 그 나름의 삶이 있으며, 그 방향을 찾는 방식은 가족마다 다르다. 하지만 아이가 자유로운 환경에서 성장하고, 자기 문제를 스스로 해결하며, 작은 것에 감사할 줄 알고, 행복을 나눌 수 있는 사람으로 자라게 돕는 것은 부모의 몫이라고 생각한다.

앞으로도 한비에게 사교육은 따로 시킬 마음이 없다. 다만, 우리 가족에게 시간이 허락된다면 언제든 여행을 더 열심히 다녀야겠다고 다짐해본다.

# 한비가 아빠에게 쓴 편지

사랑하는 아빠에게

아빠, 안녕? 나 아빠 딸 비야.

하와이에서 아빠 덕분에 정말 재미있게 놀았어.

특히 수영장에서 나랑 재미있게 놀아주어서 고마워.

그리고 친구랑 싸웠을 때

매일 내 편을 들어주어서 너무너무 고마워.

친구랑 둘이 싸웠을 때 거의 대부분은

마음이 안 맞아서 싸우는 거잖아.

그런데 아빠는 마음이 안 맞는다면

그 놀이는 하지 않아도 된다고 말해줘서 좋아.

그러면 내 마음이 괜찮아졌거든.

우주 끝까지 사랑해.


아빠의 딸 비가.

하와이에 다녀온 뒤 한비가 아빠에게 건넨 편지다. 별것도 아닌 이 편지를 읽는데 그냥 다 귀엽고 웃음이 나온다. 친구랑 싸웠다고 속상해하는 모습마저 귀엽다. 그래, 마음이 안 맞으면 그만 놀라고 하는 게 당연하지 끝까지 계속 놀라고 말할 엄마 아빠는 아마도 없을 텐데. 하하하. 아빠가 네 편이 되어줘서 든든했니, 한비야? 너무 너무 귀여운 우리 한비. 사랑해, 정말로!

Travel Recipe.

# 아이와 함께하는
# 하와이 여행이 좋은 이유

### 이제껏 경험하지 못한 자연환경

하와이는 바다, 열대우림, 화산지대, 사막, 고산 등 다양한 천혜의 자연을
가지고 있어요. 과학자들은 지구상의 기후를 13개로 분류했는데, 그중
11개의 기후를 하와이에서 경험할 수 있다고 해요. 책이나 영상으로만
접했던 것들을 직접 몸으로 체험하고 아름다운 자연에서 뛰어놀 수 있는 곳이
하와이랍니다.

### 편리한 운전 환경

아이와 함께하는 여행에서 이동은 가장 기본적인 고민 중 하나죠. 하와이는
렌터카만 있으면 어디로든 편하게 이동할 수 있어요. 우리나라와는 다르게
운전자들의 매너가 거칠지 않아요. 와이키키를 제외하고는 교통 체증이 없어
운전 환경이 좋고 길 찾기가 쉬워 운전에 대한 스트레스도 적고요. 부스터
카시트와 유모차만 준비하면 끝!

### 늘 곁에 있는 바다와 수영장

우리 가족이 하와이에서 가장 많은 시간을 보내는 곳은 바로 바다와
수영장이에요. 돌고래 한비가 가장 좋아하는 곳이기도 하고요. 수영장은
물론 슬라이드 등 아이들이 좋아하는 물놀이 시설과 프라이빗 비치를 갖춘
호텔이나 리조트가 하와이에는 정말 많아요. 또 조금만 걸어 나가면 어디에든
바다가 있으니 어딜 가서 뭐 하고 놀아야 하나 고민하지 않아도 돼요.

## 바다거북, 바다표범, 혹등고래까지

하와이 바다에서는 바다거북과 바다표범을 어렵지 않게 만날 수 있어요. 책과 영상, 동물원에서나 보던 바다 동물을 바로 눈앞에서 보는 경험은 아이들에게 정말 특별하죠. 유유히 수영하는 바다거북을 바로 옆에서 만날 수도 있어요. 11월부터 2월까지 겨울철에 만날 수 있는 혹등고래는 아이는 물론 어른들에게도 놀라운 경험을 선사해요. 그저 신기한 동물을 볼 수 있다는 것에 그치지 않고 인간과 자연이 어떻게 함께 어우러져 살아가는지 배울 수 있는 소중한 기회예요.

## 서핑, 패러세일링, 스노클링까지

하와이에서는 해변에서 서핑을 배우는 아이들을 쉽게 볼 수 있어요. 잔잔하고 얕은 와이키키 비치는 아이와 함께 서핑을 배우기에 최적의 장소랍니다. 패러세일링, 카약 등 가족이 함께 즐길 수 있는 액티비티도 많아요. 물안경 하나만 있으면 물속을 우아하게 지키는 거북, 블루탱, 산호초 등을 만날 수 있어 시간 가는 줄 모르죠.

# 구름 위 세상 1 - 마우나로아

빅아일랜드에 너무나도 다시 가고 싶어졌다. 결국 다섯 번째 하와이 여행을 계획하게 되었다. 지난번 빅아일랜드 여행을 마칠 때쯤 '이곳은 곧 다시 오겠구나, 분명.' 하고 직감했다.

대체 빅아일랜드의 매력이 뭘까. 먼저, 화산섬의 한가운데를 드라이브하는 기분이 정말 묘하다. 뭐라 말로 표현할 수가 없는 기분인데, 해가 질 때쯤이면 정말이지 더욱 환상적이다. 우주에서 가장 아름다운 곳을 달리고 있는 기분이라고 하면 적절할까. 빅아일랜드에 그렇게 가보고 싶어 했던 남편은 오히려 마우이를 최고의 하와이로 손꼽았고 한비랑 나는 빅아일랜드에 제대로 꽂혔다. 그래서 우리는 빅아일랜드로 다시 떠난다.

빅아일랜드를 여행하기 전 남편과 한 가지를 약속했다. 지난 빅아일랜드 여행 때 마우나로아(활화산)를 이미 다녀왔기 때문에 마우나케아(휴화산, 하와이에서 가장 높은 봉우리)는 절대로 가지 않겠다고! 마우나로아는 마우나케아에 비해 여행자들에게 잘 알려지지 않은 국립공원이다. 공기가 너무 깨끗해 별이 잘 보인다는 남편의 말을 듣고서 간 곳이었다.

마우나로아로 향하던 날. 남편에게는 이곳이 나름 히든카드와 같은 곳이었는지 나 몰래 조용히 한국에서 보온병까지 준비해왔다. 쏟아지는 별을 보며 차 안에서 컵라면을 끓여 먹으려고 말이다. 출발하기 전부터 사부작거리며 보온병에 끓는 물을 부어 준비하느라 혼자 바쁜 남편. 한비가 먹을 간식거리도 준비해서 나는 또 장거리 운전을 준비했다. 어쩔 수 없지. 빅아일랜드는 그야말로 빅섬, 큰 섬이니 운전을 시작하면 아주 오랫동안 해야 한다.

　　오가는 차 한 대 없는 어두운 길. 한비는 귀신이 나올 것 같다며 소리를 지르고, 운전하는 나도 손발이 오그라들 정도로 앞이 시커먼 곳을 비구름을 뚫으며 천천히 운전해갔다. 당장 코앞이 보이지 않아서 엉덩이를 떼고 반쯤 일어선 채 하이빔에 의지해 운전을 했다. 온몸이 쑤셨다.

　　다행히 정상으로 올라갈수록 조금씩 하늘이 맑아졌다. 머리 위로 쏟아지는 별과 은하수를 볼 수 있겠다며 잔뜩 기대하고 올라가는데, 이상하다. 주변에 차가 한 대도 없다. 싸한 기분이 든다.

　　"이상한데? 오늘 별과 은하수가 쏟아지는 날이라면 정상을 향해 올라가는 차가 많아야 할 것 같은데, 왜 우리 차뿐이야?"

　　그날 우리는, 호텔방에서도 쏟아지는 별을 볼 수 있는 하와이건만 정작 몇 시간을 달려 올라간 마우나로아에서는 별 하나 보지 못하고 캄캄한 암흑 속 차 안에서 컵라면만 먹고서 내려와야 했다. 남편도 뭔가 느낌이 이상했던 모양이다. 찾아보니 그날은 마침 보름달

이 환하게 뜨는 날. 별과 은하수는 밝은 달빛 때문에 볼 수 없는 날이었던 것이다.

바보, 멍충이! 우리 숙소까지 돌아오던 길이 어찌나 멀고 길게 느껴지던지. 내가 다시는 별, 은하수, 일몰을 보러 가면 사람이 아니다 정말!

# 구름 위 세상 2 - 마우나케아

여행을 갈 때마다 '인생풍경'을 외치는 남편을 위해 와이피오 밸리 룩아웃으로 트레킹을 하러 출발! 빅섬에 꽂혀서 망정이지, 남편이 원하는 인생풍경을 위해 이렇게까지 내가 적극적이라니.

파커랜치를 따라 난 코할라 마운틴 로드를 지나 호노카아 타운을 방문했다. 호노카아 타운은 2,000여 명의 주민이 사는 아기자기한 동네다. 낡은 목조 건물이 많은데 일본인 거주자가 많아 '하와이 속의 작은 일본'이라고 불린다. 크지 않은 곳이라 천천히 거닐며 동네 구경을 하고서 와이케아 파머스마켓의 한인식당에서 점심을 먹었다. 와이피오 밸리 전망대에서 보는 경치는 책 속 사진에서 보던 그대로였다. 이 정도면 인생풍경이라는 수식어가 붙어도 되겠다!

날씨가 좋아도 너무 좋은 날이었다. 그래서였나, 내 기분도 덩달아 좋아졌네. 갑자기 남편에게 물었다.

"우리, 트레킹 말고 마우나케아 콜?"

하하하하. 역시 난 너무 즉흥적이고, 그런 나의 말에 남편은 어리둥절한 표정이었지만 너무나 반가웠을 것이다. 남편은 곧바로 날씨를 검색하더니 오늘이 바로 '그 날'인 것 같다고 답했다. 인생일몰을 볼 수 있다는 '그 날'!

점심을 먹던 장소에서 마우나케아의 전망대가 아주 선명하게 보였다. 왠지 오늘은 느낌이 좋다. 구름 한 점 없는 파란 하늘을 머리 위에 두고 마우나케아를 향해 달리는 길은 정말 환상적이었다. 시원한 바람과 끝없이 펼쳐진 직선 도로 위, 길 주변 양쪽은 까만 화산암 돌더미가 쌓였는데 한참 달리다 보면 어느샌가 여기가 화산섬이 맞나 싶게 길 따라 꽃들이 하늘거리며 춤을 추는 것만 같았다. 정말 매력적이다, 여기. 한참을 달리니 검은 소 떼들이 보였다가 저 멀리 태평양 바다도 보였다. 이때 크게 틀어놓고 달렸던 노래가 어디선가 들려오면 그날의 빅아일랜드 분위기가 몹시도 간절해진다.

마우나케아는 천문대로 유명한 휴화산이다. 높이가 무려 4,205미터라 기압 적응을 위해 방문자센터에서 반드시 30분 정도 머물다가 올라가야 한다. 그런데 방문자센터에 도착하니 날씨가 심상치 않았다. 구름이 가득한 하늘. 이 추운 곳에 즉흥적으로 온 탓에 우리는 반바지에 슬리퍼 차림이었다. 아, 이 장면 어디서 많이 본 것 같은데……. 마우이 할레아칼레에 갔을 때와 꼭 닮은 데자뷔다. 내가 이렇게 운전하는 상황이 다시는 없을 거라 선언했건만, 즉흥적인 성격의 내가 가자고 외쳤으니 오늘은 그냥 다 오케이. 괜찮다. 추워도 괜찮은 거다.

잠시 쉬었다가 다시 정상을 향해 오르는 길. 방문자센터까지만 포장도로였고 그 이후부터는 비포장도로였다. 길 중간에 펑크가 나서 서 있는 차들도 보였다. 구름이 가득해 앞이 잘 보이지 않은 탓에 또다시 긴장 모드였다. 정말 아차 하면 낭떠러지행.

정상까지 어찌나 높이높이 올라가는지 귀가 여러 번 막혔다. 침을 꼴깍 삼키며 비포장도로를 뱅글뱅글 올라 정상에 도착하니 하얗게 눈이 쌓여 있었다. 마우이 할레아칼라보다 1,200미터나 높은 곳이니 내가 살면서 오른 곳 중 가장 높은 곳이다. 다들 마음먹고 오는 이곳을 즉흥적으로, 그것도 반바지와 조리 차림으로 오다니! 하지만 우리가 미리 준비해왔다면 또 아무것도 보지 못하고 돌아갔을 테지. 말도 못 하게 매서운 바람에 너무 추웠지만, 눈이 쌓여 있는 천문대에서 본 일몰 풍경은 정말 잊을 수 없는 추억이 되었다. 긴장하며 운전해온 시간을 보상받기에 충분했다.

마우나케아에서 내려가는 길은 올라올 때보다 더욱 어두웠다. 천문대를 구경하던 다른 차량과 함께 영차영차, 마치 한 팀이 된 것처럼 서로 의지하며 천천히 내려가는 모습이 귀여웠다. 잔뜩 긴장한 채 운전대를 잡은 지 5분 정도 지났을까, 눈앞에 펼쳐진 구름바다에 입이 떡 벌어졌다. 저 구름 아래 세상으로 내려가는 게 아쉬울 만큼 정말 황홀한 풍경. 중간에 차를 멈춰 까만 하늘에서 쏟아져 내리는 별을 한참 동안 바라보았다. 즉흥적으로 움직였던 이날 하루는 우리 가족에겐 큰 선물이 되었다.

열세 살이 된 지금의 한비는 지구와 우주에 관심이 많다. 관련 영상물들을 찾아보며 이렇게 이야기한다.

"엄마, 우리 하와이 갔을 때 눈이 쌓여 있던 천문대가 너무 생생해. 그리고 하늘에서 쏟아지던 별과 별똥별도 꼭 다시 보고 싶어."

**한비네 팁**

마우나케아에 가려면 반드시 사륜구동 차량이어야 해요. 고산지대라 춥기 때문에 경량 패딩 등 따뜻한 옷을 준비하는 게 좋아요. 방문자센터에는 따뜻한 물과 전자렌지가 있어요. 보온병, 정상에서 마실 커피나 차를 미리 챙겨가길 바라요. 무엇보다 컵라면은 필수겠죠.

# 썸띵 스페셜! 빅아일랜드

이번 빅아일랜드 여행의 첫 숙소에서는 특별한 무언가가 우릴 기다리고 있었으니 그 이름은 바로 만타레이! 쉐라톤 코나 리조트는 용암지대 위에 세워진 곳인데 밤이면 리조트 앞 비치에서 만타레이 (대왕쥐가오리)를 볼 수 있어 남편이 한비를 위해 야심 차게 선택한 숙소였다.

그동안의 하와이 여행을 돌이켜보면 수족관이 아닌 진짜 바다에서 바다거북, 혹등고래, 바다표범, 옐로우탱을 비롯한 해수어까지 많은 해양동물을 만났다. 오직 하와이라서 가능한 일이 아니었을까.

숙소에 도착한 첫날 밤부터 기대하며 비치로 갔지만 바람이 너무 거세 아쉽게도 만타레이는 보지 못했다. 다음 날 투스텝 비치에서 하루 종일 놀고서 저녁을 먹은 후 만타레이를 볼 수 있을까 싶어 비치에 나가려는데 비가 쏟아졌다. "에잇, 오늘도 틀렸나 봐." 하면서 산책 겸 비치에 들렀는데, 어머! 진짜 만타레이가 수영을 하고 있는 것이었다. 비가 쏟아지는데도 보트를 타고서 만타레이 투어를 하는 사람들도 있었다. 하지만 굳이 투어를 하지 않아도 카페 겸 테라스 같은 공간에서 만타레이를 만날 수 있었다.

한비는 디즈니 애니메이션 〈모아나〉에서 봤던 만타레이를 직접 봤다며 좋아서 어쩔 줄 몰랐다. 영화에서 본 것처럼 만타레이는 정말 특별한 기운을 가진 존재 같았다. 빅아일랜드 바다를 지키는 수호신처럼 말이다.

만타레이를 본 다음 날은 포시즌 리조트 안에 있는 후알랄라이 트레이딩 컴퍼니를 찾았다. 그곳은 식사나 커피를 즐길 수 있는 캐쥬얼한 맛집으로 현지인에게 오히려 더 인정 받는 곳이라고. 하와이에서 다섯 손가락 안에 꼽히는 최고의 바리스타가 있는 곳이기도 하다. 매장에서 직접 구운 빵을 야외 테이블에서 즐길 수도 있다.

느긋하게 커피를 마시고 포시즌 리조트로 산책을 갔다. 프라이빗 비치까지만 보고 돌아가려 했는데 바로 옆에 퍼블릭 비치가 있었다. 나의 예민한 촉이 또 발동! 가보니 역시나 너무나 예쁜 곳이었다. 우린 이곳에 큰 별표를 쳐두고 신나게 즐길 준비를 해서 다시 오기로 했다. 마우이에서 우연히 발견해서 우리 가족의 시크릿 비치로 삼았던 오넬로아 비치의 빅아일랜드 버전이라고나 할까. 우리 가족만 알고 싶은 그런 곳이었다.

빅아일랜드를 여행하는 사람들은 필수 코스처럼 코나커피 농장을 들르는 듯하다. 우리 가족도 마침 근처를 지나는 길에 산책도 할겸 들러 원두나 사갈까 싶었다. 농장에 들어가서 이야기를 들어보니 코나커피는 일조량과 강수량이 풍부하고, 비옥한 화산토가 있는 비탈에 위치해 있다고. 또 기계가 아닌 사람의 손으로 직접 수확하는

등 철저한 품질 관리를 받는다고 한다. 그렇게 선별된 원두가 최소 10퍼센트 이상 함유된 커피에만 '코나'라는 이름을 붙일 수 있다. 코나커피라고 해도 함량에 따라 가격이 큰 차이가 난다고 하니 원두를 구입할 때 잘 체크하도록 하자.

그런데 사실 난 코나커피의 맛보다 커피 농장을 즐기러온 현지인들의 삶에 더욱 마음이 끌렸다. 돗자리와 간식 바구니를 가져와 피크닉을 즐기는 여유로운 모습이 부럽고 인상적이었다. 왜 하필 이런 날 트렁크에 돗자리를 안 챙겨온 걸까. 이곳을 충분히 즐기지 못한 것 같아 너무 아쉬웠다. 다음엔 우리도 꼭 농장 피크닉을 즐겨보자, 한비야.

이곳저곳 도장 찍듯 바쁜 여행보다는 한곳에서 오래 머무르는 여행을 좋아하는 우리 가족. 느리게 여행하면 시간표대로 딱딱 맞춰 움직이는 여행에선 놓치고 말 여행지의 매력을 더욱 충분히 느낄 수 있다. 빅아일랜드는 그런 곳 아닐까. 시간이 유독 천천히 흐르는 곳. 그래서 더 나에게 잘 맞는 곳. 적어도 닷새 이상은 이곳에 머물러야 매력을 알 수 있을 것 같다. 하와이의 섬들 중 가장 큰 섬이기도 하고, 썸띵 스페셜한 매력이 정말 가득한 곳이니까. 아, 나 이곳에서 살고 싶다.

# 한비의 일기 빅아일랜드 편

아침 기상 - 11:30

아침밥 - 시리얼, 우유, 미역국라면 조금, 밥, 장조림

아침을 먹고 - 커피 농장

블랙샌드 비치(Black Sand Beach) - 차로 1시간 30분

비치에서 본 것 - 거북 7마리, 돌덩이, 검은 모래, 사람들, 바다 등

간식 Time - 말라사다 빵, 망고 아이스크림 조금

저녁 Time - 마르게리타 피자, 토마토 파스타

마트에서 장 보기 - 귀엽고 예쁜 NEW 노트,

쇼핑백, 김, 미니 가방 등

집(숙소)에 도착 - 아이패드 게임, 책 베껴 쓰기

가오리 구경 - 만타 가오리를 봄

과일 - 블랙베리, 라즈베리


블랙샌드 비치를 본 느낌

차로 1시간 30분을 이동해서 블랙샌드 비치에 왔다. 그런데 그
렇게 멋있고 예쁘진 않았다. 거북이는 많이 봤다. 하! 지! 만! 내 옆에

있던 아빠가 거북이를 보자마자 눈에서 번쩍! 하고 빛이 났다. 왜냐? 사진으로 남기고 싶었던 것이겠지.

아빠가 사진을 찍기 시작하면 세상 모든 사람들 중 한 명 빼고 말릴 수 없다. 그 한 사람은 바로, 엄마! 엄마가 아빠에게 사진을 그만 찍으라고 하면 아빠는 더 이상 사진을 찍지 못한다. 하하하.

아빠는 정말 체력이 넘치나 보다. 힘들게 집에 도착하자마자 쉬지도 않고 가오리 구경이라니. 가오리를 보러 다시 나가자는 말을 듣자마자 나는 이런 생각이 들었다.

'가오리는 어제도 봤는데……. 오늘은 좀 쉬어야 하지 않을까?'

하지만 결국 가게 되었다. 엄마가 같이 가라고 했기 때문이다. 가오리 보는 곳에 도착했다. 5분 정도 지나니 만타 가오리 두 마리가 펄럭거리며 멋있게 우리 쪽으로 왔다. 솔직히 멋있었다. 하하, 가길 잘 했다는 생각이 들었다. 만족스럽다!

# 한비야,
# 우리 다른 곳에서 살아볼까?

빅아일랜드 여행을 마치고 다시 오아후로 돌아오던 길. 우리는 오아후를 여러 번 여행한 터라 이젠 가볼 곳이 없지 않을까 싶어 바로 귀국을 해야 하나 고민했다. 그런데 와이키키에서 순두부 식당을 운영 중인 언니네 집에 초대를 받았다. 하와이에서 누군가의 집에 초대를 받은 건 처음이었다. 여행 중 처음으로 호스트에게 가져갈 선물을 고르며 새로운 설렘을 느꼈다. 마치 내가 이곳에 살고 있는 것 같은 느낌이었다.

초대를 받아서 간 언니네 집은 한국과는 분위기가 확연히 다른 그야말로 외국 집이었다. 내가 사랑하는 홀푸드가 지하로 연결되어 있었고, 아마도 알라모아나 쇼핑센터 바로 옆 와이키키 비치의 바다 향이 코끝에 닿을 만한 곳이라 한껏 설렜던 것 같다. 형부가 구워주는 고기와 한식을 먹으며 한참 수다를 떨고 보니 이곳에서 살고 싶다는 생각이 저절로 들었다. 오늘 밤은 왠지 와이키키가 우리 동네인 것만 같았고, 날마다 태평양을 보며 생활하면서 지인을 이곳으로 불러 함께 저녁 식사를 하는 일상을 혼자 상상했다.

배 속의 한비와 함께 떠난 만삭 여행을 시작으로 결혼 10주년 기념 여행 등 다섯 차례의 하와이 여행. 그리고 중간중간 호주, 발리, 싱가포르를 함께 여행하며 일곱 살 꼬마였던 한비는 열세 살이 되었고 남편과 나도 어느덧 중년이 되었다. 나름 이곳저곳 많은 곳을 여행해왔지만 이곳에서 살아보면 어떨까 싶던 곳은 하와이와 호주였다. 두 곳의 공통점이라면 무엇보다 한비와 우리 가족이 가장 좋아하는 파란 바다, 초록초록한 대자연과 숲, 상쾌한 하늘이 어우러진 아름다운 자연환경이 아닐까.

드넓은 바다와 울창한 숲을 배경으로 한비가 마음껏 뛰놀며 건강하게 자라는 모습을 볼 수 있다면, 그런 삶이 일상이 된다면 얼마나 행복할까. 사랑하는 가족과 매일 꿈처럼 살 수 있다면⋯⋯. 하와이에서? 혹은 또 다른 멋진 곳에서?

어느덧 열세 살이 된 한비는 훌쩍 자랐다. 한비가 초등학교 고학년이 될 때쯤 우리 부부는 우리가 좋아하는 나라에서 한비를 키우고 싶다는 이야기를 자주 나눴다. 그곳이 하와이나 호주가 아닐까? 어디가 좋을까? 정해진 것 하나 없이 상상만으로도 기분이 좋았다.

코로나로 몇 년의 시간이 멈춰진 듯 생활했던 그때, 호주편 하늘길이 다시 열린다는 이야기가 들려왔다. 우리는 정말 무언가에 홀린 듯이 준비하기 시작했고, 마침내 한비와 남편은 꿈에 그리던 호주에서 생활 중이다. 나 역시 서울 집과 호주 집을 오가며 다른 곳에 살아보는 경험을 간접적으로 체험 중이고. 원고를 확인하는 지금도 호주 집 식탁에 앉아 밖에서 들리는 새소리를 들으며 글을 쓰고 있다!

그렇다고 우리의 여행이 끝난 건 아니다. 여행이 좋은 이유는 여행을 마치고 돌아갈 집이 있기 때문인 것 같기도 하다. 서울 집에 돌아오면 안정감이 든다. '아, 그래도 내 집이 좋구나.' 싶은, 뭐 그런 편안함이랄까. 반대로 호주 집으로 아이와 남편을 만나러 가면 마음의 위안을 얻는다.

아직 우린 가족에겐 '우리 소유의 집'이 없다. 내 집이 생긴다면 원하는 대로 주방 인테리어를 정말정말 해보고 싶은데. 오래전부터 소원이었으나 아직까지 이루지 못하고 있는, 어찌 보면 나에겐 이루기 가장 힘든 소원인지도 모르겠다. 자유로운 영혼을 지닌 우리 가족이 지금처럼 계속 여행하며 살 수 있는 한, 내 소유의 집은 포기하는 게 낫겠다는 생각도 드니까.

# 하와이 에피소드 etc.

## 비행 시간 보내는 법

하와이행 비행 시간은 8시간, 한국에 돌아올 때는 11시간 정도 걸려요. 보통 비행기 안에서 음식이나 여행 관련 TV 프로그램을 보는데요. 꼬마 시절 한비는 주로 어린이 채널을 즐겨 보았지만 이제는 뮤직비디오를 감상하며 긴 비행 시간을 보내요. 노이즈 캔슬링 헤드폰을 착용하고서 아이패드 게임을 하거나 수첩에 글을 쓰기도 하고요. 남편은 영화나 여행 가이드북을 보며 여행을 미리 그려봐요. 탑승 전 넷플릭스나 유튜브에서 보고 싶은 콘텐츠를 스마트폰이나 아이패드에 오프라인 저장을 해두면 좋아요. 시차 적응을 위해 눈을 붙여두는 게 가장 좋고요.

## 몽클레어

알라모아나를 돌아다니다 우연히 몽클레어 매장에 들어갔는데 매장 직원이 정말 친절했어요. 그 덕분에 이것저것 입어보고 딱 마음에 드는 남성용 외투를 발견했어요. 하와이는 여름이었지만 돌아가야 할 한국은 겨울이 한창일 때였죠. 그래서 큰맘 먹고 결제. 그 후 귀국하고 얼마나 지났을까. 몽클레어 매장 직원에게서 손으로 쓴 편지가 왔지 뭐예요. 이런 감동이라니! 다음 하와이 여행 때 미리 작은 선물을 준비해가서 그 직원을 다시 만났어요. 시간은 좀 걸렸지만 답장을 직접 전하니 반가움과 기쁨은 더욱 컸죠.

## 마카푸우 포인트

오아후 동부에 위치한 마카푸우 포인트는 72번 도로를 따라가다 보면 나와요. 이곳은 등대까지 가는 하이킹 코스가 유명하지만 아이들에게는 조금 무리였어요. 그래서 아이들과 엄마들은 중간에 내려가고 아쉬워하는 아빠들끼리 둘러보고 오기로 했죠. 몇 시간 후 돌아온 남편은 '인생풍경'이었다며, 코발트블루빛 바다를 봤다고 어찌나 자랑하던지요.

## 쿠아아이나 버거

하와이의 버거집을 추천하라고 하면 조금도 망설이지 않고 '쿠아아이나 버거(Kua Aina Sandwich Shop)'를 말해요. 남편은 구운 양파와 파인애플이 들어가는 파인애플 버거를 좋아해요. 나의 픽은 아보카도 버거! 여기에 구운 파인애플을 꼭 추가해야 해요. 아보카도 반 개가 들어 있어 양도 정말 푸짐해요. 또 쿠아아이나 버거에서 빠질 수 없는 것은 바로 프렌치 프라이예요. 살짝 눅눅한 것이 특징인데 짭쪼름한 맛이 햄버거와 환상 궁합이죠. 매콤한 버거를 좋아한다면 칠리 맛이 찡한 오르테가 버거도 추천해요. 아마도 저에겐 하와이 여행 추억 속에 자리 잡은 버거집이 아닌가 싶어요.

## 하와이 렌터카

하와이 여행에서 항공권과 숙소만큼이나 중요한 건 렌터카예요. 오아후를 제외한 이웃섬의 경우 전 일정 렌터카를 빌리는 것이 좋아요. 세계 어디서나 이용할 수 있는 허츠(Hertz) 렌터카는 하와이에서도 편리해요. '차차트립'은 네이버 스마트스토어를 통해 허츠렌터카, 알라모(Alamo), 달러(dollar), 에비스(AVIS) 등 다양 브랜드의 렌터카를 이용할 수 있어요.
허츠렌터카 www.hertz.co.kr,  차차트립 www.chacha-trip.com

## 다이아몬드 헤드

다이아몬드 헤드에는 소민이네와 함께 올랐어요. 세 번째 오아후 여행이었고 뭘 해야 할까 한참을 고민하다가 창밖으로 보이는 다이아몬드 헤드를 보고서 남편이 앞장섰죠. 다이아몬드 헤드에 오르는 길은 만만치 않아서 아이들이 힘들어했어요. 하지만 정상에 오르자 와이키키가 한눈에 들어왔죠. 와이키키 근처에서 하이킹을 경험해보고 싶다면 다이아몬드 헤드를 추천해요.

## 하와이 스피릿을 나눠요

돗자리와 파라솔은 한국에서부터 챙겨 가자니 부피가 너무 크고, 그렇다고 현지에서 계속 사서 쓰기엔 조금 부담스러웠어요. 그래서 네이버 여행 카페인 '하샌로라'를 통해 나눔을 받았답니다. 덕분에 해변에서 알뜰하게 잘 썼죠. 오아후 여행 때에는 코스트코에서 산 부기보드를 나눔했어요. 여행 마지막 날 인스타그램 스토리에 피드를 올리고 필요한 분께서 숙소까지 찾아와 잘 전해드렸죠. 그 부기보드는 지금 어디쯤에 있을지 궁금하네요.

# HAWAII